살아 움직이는 교회
RE_VIVE CHURCH

함께 세워 가는 선교적 교회
일상에서 하나님 나라를 살아내는 길잡이

살아 움직이는 교회
RE_VIVE CHURCH

이상훈 지음

교회성장연구소

Contents

프롤로그 6

선교적 공동체 여정을 위한 안내서 12

부르심의 회복 **1** PART

Chapter 1 사명으로의 U-TURN 16
교회, 다시 사명으로 돌아가야 합니다

Chapter 2 선교적 백성으로의 부르심 38
선택은 특권이 아니라 책임입니다

Chapter 3 일상에서의 선교 58
지금 이곳이 선교지입니다

살아내는 복음 2 PART

Chapter 4 선교적 교회의 실천적 영성 82
영성은 삶에서 드러납니다

Chapter 5 선교적 교회의 심장, 예배 102
예배는 월요일을 움직입니다

Chapter 6 선교적 교회의 엔진, 제자도 126
제자는 말씀을 따르는 사람입니다

함께 세워 가는 선교적 공동체 3 PART

Chapter 7 선교적 교회의 허브, 선교적 공동체 148
공동체는 세상을 향한 발판입니다

Chapter 8 선교적 공동체의 원리와 실천 168
사역은 함께 디자인하는 것입니다

Chapter 9 선교적 문화 형성 190
성도가 교회의 문화를 만듭니다

Chapter 10 선교적 교회의 비밀 212
작고 순종하는 교회가 세상을 바꿉니다

에필로그 230

PROLOGUE
프롤로그

만날 때마다 가슴 벅차고 아름다운 공동체가 있습니다. 이 공동체는 10여 년 전, 같은 소망을 품은 몇 가정이 함께 시작한 만남에서 비롯되었습니다. 삶의 계절이 바뀌는 동안에도, 그들은 변함없이 이 길을 함께 걸어가고 있습니다.

처음 그 자리에 초대받았던 날의 감동이 아직도 생생합니다. 따뜻한 식탁을 사이에 두고 웃음과 눈물이 오가고, 서로를 위해 손을 맞잡고 기도하던 그 순간들. 하지만 무엇보다 깊은 울림으로 다가왔던 것은, 10여 개국이 넘는 선교사들의 소식을 정성껏 나누고, 그들을 위해 기도하며 묵묵히 후원을 이어가는 이들의 모습이었습니다.

목회자의 시선으로 보았을 때, 이토록 자발적이고 순수한 헌신을 이어가는 성도들이 있다는 것이 그저 감사할 뿐이었습니다. 그러나 정작 그들은 자신들의 사역이 얼마나 귀한지조차 크게 의식하지 않고 있었습니다. 그저 '내 삶의 자리에서 감당할 수 있는 작은 일을 하고 있을 뿐'이라는 겸손한 마음으로 나아가고 있었고, 인정받거나 자랑하려는 마음은 조금도 찾아볼 수 없었습니다.

그 이후 저는 이 공동체의 일원이 되어, 함께 모일 때마다 말씀을 나누고 기도하며 서로를 격려하는 역할을 감당하게 되었습니다. 하지만 돌이켜보면, 이 모임을 통해 가장 큰 은혜를 받은 사람은 바로 저 자신이었습니다. 선교지에서 헌신하는 선교사들, 물질과 기도로 후원하는 성도들, 그리고 묵묵히 그 길을 걸어가는 이들의 삶을 보며 저는 깊은 도전과 격려를 받았습니다.

지난 10년간 '선교적 교회Missional church'와 함께해 온 시간은 저에게 한 폭의 은혜로운 그림처럼 남아 있습니다. 가는 곳마다, 만나는 교회마다 선교적 삶을 살아가는 주님의 제자들이 있었고, 그들로 인해 가슴 벅찬 순간이 참 많았습니다.

하지만 동시에 오늘날의 교회를 바라보며 안타까운 현실과도 마주하게 됩니다. 교회는 점점 더 세상의 냉소적인 시선과 차가운 평가 속에 놓여 있습니다. 영향력은 약화되고, 신뢰를 잃어가는 모습은 단순한 일시적 현상이 아니라, 오랜 시간 누적된 구조적 문제에서 비롯된 결과입니다.

더 큰 문제는 이러한 위기 속에서도 많은 교회가 여전히 탈출구를 찾지 못하고 있다는 사실입니다. 과거의 부흥을 되살릴 묘안이 보이지 않는 현실 속에서, 하나님은 '선교적 교회'라는 개념을 통해 교회의 본질을 회복하는 새로운 여정으로 우리를 초대하고 계십니다.

교회의 미래, 본질에서 시작된다

분명한 것은, 교회의 미래는 혁신에 있지만 그 혁신은 본질에 깊이 뿌리

내릴 때 가능하다는 점입니다. 교회의 본질은 곧 사명과 연결됩니다.

- 하나님께서 교회를 세우신 이유는 무엇인가?
- 교회는 세상을 어떻게 변화시키고, 회복해야 하는가?

위와 같은 물음은 모두 '선교적 교회'가 오늘 우리에게 던지는 핵심 질문입니다. 이러한 질문은 결국, 교회의 본질과 정체성에 대한 더욱 근본적인 물음으로 우리를 이끕니다.

- 교회는 무엇인가?
- 우리는 무엇을 위해, 왜, 그리고 어떻게 존재해야 하는가?

이 질문을 통해 교회의 존재 이유가 분명해질 때, 성도들은 자신의 삶 속에서 선교적 책임을 실천할 용기를 얻게 됩니다. 그리고 이를 통해 교회는 선교적 삶과 모험이 일상이 되는 문화를 형성해 가야 합니다.

이 책을 통해 함께 고민하고, 답을 찾아가기를

『리바이브 처치 : 살아 움직이는 교회Re_vive Church』는 이러한 고민 속에서 집필되었습니다. 이미 수년 전, 선교적 교회의 원리와 사역 매커니즘을 다룬 『처치 시프트Church Shift』가 출간된 이후, 많은 분들이 "성도들과 함께 읽고 공부할 수 있는 책이 필요하다"는 요청을 해주셨습니다.

이러한 과정 속에서, 사역과 시대적 요청에 반응하느라 집필을 미루어왔고, 이제야 이 고민을 더 깊이 풀어내야 할 적절한 시점이 되었다고 판단했습니다. 지난 1년간 월간 「교회성장Church Growth」에 연재한 글을 다듬어, 한 권의 책으로 엮게 되었습니다.

이 책이 교회의 본질을 고민하는 이들에게, 선교적 교회로 나아갈 용기와 통찰을 전해 주길 바랍니다.

책의 구성과 기대하는 변화

이 책은 '선교적 교회와 선교적 삶'을 다루는 10가지 주제를 중심으로 구성되어 있습니다. 각 챕터는 본질에 대한 성찰과 더불어, 소그룹에서 함께 나눌 수 있는 토론 가이드를 덧붙여 공동체적 적용이 가능하도록 했습니다.

단순한 개념 전달에 머무르지 않고, 성도 각자가 자신의 선교적 사명을 발견하고 시대에 응답하는 창의적인 사역이 일어나기를 소망합니다.

무엇보다, 이 작은 시도가 한국 교회의 선교적 전환을 위한 마중물이 되기를 기도합니다. 교회가 다시 본질을 회복하고, 선교적 교회로 세워지는 여정 속에서 우리는 어떤 걸음을 내디뎌야 할까요?

이제, 그 모험을 함께 시작해 봅시다.

함께 읽고, 나누고, 살아내는
선교적 공동체 여정을 위한 안내서

TOGETHER

이 책은 교회의 선교적 DNA를 일깨우고,
공동체적으로 실천하기 위한 길잡이입니다.
총 10개 챕터로 구성된 이 책을 다음과 같이 활용해 보세요.

RE_VIVE CHURCH

> 『리바이브 처치Re_Vive Church』의 여정은 이론으로 끝나지 않습니다.
> 삶으로, 공동체로, 세상으로 이어지는 복음의 운동입니다.
> 이 책을 통해 여러분의 모임과 교회가
> 진짜 살아 움직이는 공동체가 되기를 기도합니다.

❶ 함께 읽기

- 매주 또는 소그룹별로 정한 시간에 한 챕터씩 읽습니다.
  미리 읽고 모여도 좋습니다.
- 본문에서 마음에 남는 문장이나 구절을 나누며
  자연스럽게 모임을 시작합니다.

❷ 함께 나누기

- 각 챕터의 소그룹 나눔 Sharing Time에 있는 〈함께 나누기 Sharing Together〉를 따라,
  생각 열기 → 삶과 연결 → 함께 고민하기의 흐름으로 진행합니다.
- 각 챕터의 질문을 참고해 자유롭게 나눕니다.

❸ 함께 실천하기

- 개인 실천 챌린지 : 각자 이번 주 실천할 내용을 정합니다.
- 공동체 실천 챌린지 : 함께 실천할 작은 프로젝트를 정합니다.

❹ 함께 기도하기

- 말씀과 나눔을 기도로 마무리합니다.
- 기도문을 함께 읽어도 좋고, 자유롭게 서로를 위해 기도해도 좋습니다.

❺ 함께 돌아보기

- 다음 모임 시작 시, 지난주 실천 내용을 나누고 서로 격려합니다.
- 이어서 다음 챕터로 넘어가며, 선교적 삶을 계속 확장해 나갑니다.

RE_VIVE CHURCH

부르심의 회복 1 PART

Chapter 1 사명으로의 U-TURN
교회, 다시 사명으로 돌아가야 합니다

Chapter 2 선교적 백성으로의 부르심
선택은 특권이 아니라 책임입니다

Chapter 3 일상에서의 선교
지금 이곳이 선교지입니다

Chapter **1**

사명으로의 U-TURN

RE_VIVE

Q

당신의 신앙은 지금, 어디를 향해 가고 있나요?

Chapter ● 01

사명으로의
U-TURN

교회, 다시 사명으로 돌아가야 합니다

사명과 생명의 여정

캘리포니아를 여행하다 보면 끝없이 펼쳐지는 광야를 만납니다. 거칠고 메마른 땅, 강렬한 태양빛 아래 들판은 숨을 삼키는 듯 정적에 잠겨 있습니다. 생명을 품기엔 너무나 가혹해 보이는 땅, 그러나 그토록 황량한 곳에서도 꽃이 핍니다. 생명이 자라고 숨을 쉽니다. 생명은 가려져 있지만, 결코 사라지지 않습니다. 그것이 생명의 힘입니다.

현재 한국 교회를 바라보는 시선은 차갑고 날카롭습니다. 비난의 손가락이 교회를 향하고, 냉소적인 시선이 교회를 부끄럽게 만들고 있습니다. 갈등과 단절의 그늘 아래, 교회는 세상의 조롱과 무관심 속에 길을 잃은 듯 보입니다.

누군가는 말합니다. "고통스럽더라도 견뎌야 한다." 그러나 이것이 전부는 아닙니다. 저는 한국 교회의 선교적 운동 Missional movement에 참여하면서 새로운 움직임을 보았습니다. 시대를 거스르며 야성 가운데 세워진 교회들…. 생명이 꿈틀대는 듯한 새로운 운동이 발생하고 있는 현장을 보며 놀라운 가능성을 발견했습니다. 이것은 희망사항이 아니라 오늘날 한국에서 실제로 발생하고 있는 사건이며, 작지만 분명한 움직임입니다.

역사를 보면 이러한 흐름은 전혀 새로운 것이 아닙니다. 교회는 거친 광야 속에서 태동되었고, 복음은 장벽을 넘어 확장되었습니다. 엄청난 핍박과 죽음의 위기 속에서 교회는 더 창의적이고 혁신적인 모습으로 태어났고, 복음을 전하며 열방을 향해 나아갔습니다.

오늘 한국 교회에서 일어나고 있는 운동 역시 마찬가지입니다. 여전히 주님의 나라를 위해 생명을 거는 성도들이 있고, 선교를 위해 모험과 헌신을 아끼지 않는 공동체가 있습니다. 이 운동은 보이지 않는 곳에서부터 꿈틀거립니다. 복음이 질식할 것처럼 보였던 중고등학생들의 기도 운동에서, 대학 캠퍼스와 젊은이들의 거리에서, 오피스와 카페에서 그리고 교회 안팎에서 태동하고 있는 다양한 선교적 공동체를 통해 복음의 생명이 다시 살아나고 있습니다.

하나님께서 여전히 일하고 계신 증거입니다.

그리고 이 모든 일은 선교적 사명을 찾은 자들에 의해 발생합니다. 개인과 공동체 가운데 선교적 DNA가 심겨지고 태동하는 그곳에서 창의적 생명 운동이 시작됩니다. 그러므로 지금은 단지 위기의 시간이 아니라, 새로운 시작의 시간입니다. 이 시대는 한국 교회에 주어진 골든타임일 수 있습니다.

지도자라면 영적 눈을 열어 시대를 분별해야 합니다. 생존이 아니라 사명을 향해 나아가야 합니다.

우리 교회의 모습은 어떠합니까? 우리는 생존을 위해 존재합니까? 아니면 맡겨진 사명을 위해 존재합니까? 우리 개인과 공동체를 이끌어 가는 원동력은 무엇입니까?

교회를 변화시키고 시대를 깨우는 하나님의 선교 운동에 참여하는 교회가 되기를 원합니다. 새로운 시대를 향한 선교적 교회 운동을 더 깊이 이해하고, 그것을 우리의 것으로 만들기를 원합니다. 이제 그 여정으로 함께 나아갑시다.

선교적 교회, 새로운 길을 열다

선교적 교회에 대한 논의는 1990년대 후반 북미 지역에서 시작되어 2000년대 중반 한국에 처음 소개되었습니다. 초기에는 소수의 신학자들과 개혁가들이 주목했지만, 교회의 위기가 점차 현실화되면서 더 많은 목회자들이 선교적 교회의 가능성에 눈을 돌리기 시작했습니다.

컨퍼런스와 세미나가 열리고, 다양한 사례가 공유되면서 선교적 교회는 점차 시대적 대안으로 자리 잡아갔습니다. 오늘날 많은 사역자들과 리더들이 선교적 교회에 관심을 기울이며, 교회의 본질을 회복하고 사역을 새롭게 갱신하려는 갈망이 더욱 깊어지고 있습니다.

그러나 문제는 여전히 많은 이들이 선교적 교회를 단순히 교회성장이나 부흥을 위한 전략적 도구로 바라보는 경향이 있다는 점입니다. 마치 교회의 생존을 위한 또 다른 방식인 것처럼 접근하게 될 때, 본질은 왜곡됩니다.

초창기 한국에서는 선교적 교회를 카페, 도서관, 공연장, 갤러리, 사회적 기업과 같은 대안적 형태로 이해하는 흐름이 강했습니다. 기존의 구조와 차별화된 사역으로 이해되면서 선교적 교회는 주로 새로운 형태의 교회 개척이나 실험적인 사역 모델과 연결되곤 했습니다. 이러한 접근은 나름의 의미가 있었지만, 동시에 선교적 교회를 특정한 방식이나 형태로 제한하는 결과를 초래하기도 했습니다.

선교적 교회는 교회가 본래 존재해야 할 이유와 사명을 회복하는 운동입니다. 이는 건물의 형태나 예배 방식, 사역의 모델을 새롭게 바꾸는 것이 아니라, 교회가 본질적으로 하나님의 선교Missio Dei에 참여하는 공동체로서 존재해야 한다는 근본적인 이해에서 출발합니다.

따라서 선교적 교회를 제대로 이해하기 위해서는 교회의 정체성과 사명이 무엇인지에 대한 깊은 성찰이 필요합니다. 그것이 특정한 공간에서 이루어지든, 전통적인 교회 구조 안에서 이루어지든, 중요한 것은 교회가 세상 속에서 어떻게 하나님의 선교를 실천할 것인가에 대한 근본적인 질문을 던지는 것입니다.

이제 우리는 이러한 관점에서, 선교적 교회의 핵심 개념과 원리, 그리고 실천적 접근 방식을 하나씩 살펴보려 합니다.

선교적 교회, 새로운 패러다임을 제시하다

선교적 교회론의 기원은 영국 출신의 선교사이자 목회자였던 레슬리 뉴비긴Lesslie Newbigin 으로부터 비롯되었습니다. 그는 1936년, 30대 초반에 인도 선교사로 파송받아 35년간 사역을 감당했습니다.

그러나 그가 돌아온 영국은 떠날 당시와는 판이하게 다른 상황이었습니다. 기독교 문화와 가치가 사회의 기둥을 형성했던 이전 모습은 사라지고, 복음에 대한 무관심과 경멸이 만연해 있었습니다. 새로운 이교도 사회의 현실 속에서 그는 교회, 복음, 문화에 대한 새로운 성찰을 시작했습니다.

패러다임 1 : 기독교 국가의 종말

이 과정에서 그는 기존 교회 패러다임에 변화를 가져올 주요 요소들을 발견했습니다. 그중 첫 번째는 '기독교 국가Christendom'의 종말이었습니다. '기독교 국가'라는 개념은 국민 대부분이 기독교인이라는 가정 아래, 교회와 정부가 하나 되어 사회를 운영하는 상황을 의미합니다.

기독교가 국교인 나라에 태어난 시민들은 자동으로 교회의 성도가 되었습니다. 이렇게 교회의 영향력은 종교를 넘어 정치, 경제, 교육, 군사 등 모든 영역에 파고들었습니다. 국가와 교회의 관계는 오랫동안 긴밀했고 그 영향력은 일상을 지배했습니다.

그러나 인간 중심의 세계관을 촉진했던 르네상스와 계몽주의, 산업화를 통한 과학과 기술의 발전, 근대화와 세속화의 약진은 전통적 가치와 종교 대신 경험적 증거와 과학적 사실을 더 신뢰하게 만들었습니다. 개인주의로 인해 사회 구조는 세분화되었고, 기독교 중심의 통합된 세계는 분열을 맞이했습니다.

그 결과, 교회의 역할은 통합적 기능에서 삶을 이루는 여러 영역 중 하나로 밀려났습니다. 신앙생활은 이제 개인의 선택 사항으로 전환되었습니다. 교회의 보호막이 사라지는 결정적인 순간이었습니다.

예루살렘에서 시작된 복음이 유럽과 북미, 한국과 세계로 퍼져나간 것처럼, 쇠락의 그림자도 유럽을 넘어 북미로, 한국으로 확산되고 있습니다. 상황의 변화는 새로운 성찰로 이끌고 있습니다. 오랜 기간 유지되었던 기독교 국가의 개념은 무너졌지만, 이를 통해 교회는 가장 본질적인 질문과 대면하게 되었습니다.

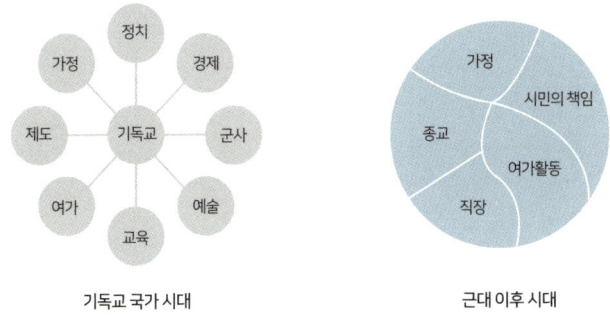

기독교 국가 시대   근대 이후 시대

패러다임 2 : 교회의 본질에 대한 탐구

이러한 고민은 두 번째 패러다임의 변화로 이어졌습니다. 바로 교회의 본질과 사명에 대한 재고찰입니다. 즉, 교회란 무엇인가? 복음이란 무엇인가? 세상 속에서 교회와 복음은 어떻게 존재해야 하는가? 이러한 근본적인 질문들이 제기되었습니다.

기독교가 세상의 중심이었던 시기에는 논의되지 않았던 문제들이었습니다. 그러나 '음부의 권세가 이기지 못할 것'이라는 그리스도의 교회가 힘을 잃고 주변부로 밀려나면서, 이 물음은 중요한 신학적 과제로 부상했습니다.

사람들은 교회란 무엇인가를 알기 위해 성경으로 돌아갔습니다. 성경은 하나님이 누구이시며, 교회는 무엇인지, 예수 그리스도는 자신의 교회를 왜, 어떻게, 무엇을 위해 세우셨는지를 탐구하게 합니다. 이러한 원초적인 질문에 대한 연구가 진행되었습니다.

이 과정에서 '선교하시는 하나님'에 대한 이해가 깊어졌습니다. 세상을 창조하신 하나님께서 타락한 세상을 구원하기 위한 계획을 세우시고 실행하셨습니다. 그 중심에 삼위일체 하나님이 계셨습니다.

- 성부 하나님은 성자 예수님을 보내셨고,
- 성부와 성자 하나님은 성령 하나님을 보내셨습니다.

보냄 받은 아들 예수 그리스도는 십자가에 달려 인류의 죄를 대속하셨고, 부활하심으로 그를 믿는 모든 자에게 하나님의 자녀가 되는 권세를 허락하셨습니다. 여기서 선교의 개념이 정립됩니다. '보내다'라는 뜻을 가진 '선교'의 주체는 '하나님 자신'이셨습니다. 삼위일체 하나님은 인류의 구원을 위해 자신을 보내셨고, 그 사역은 성령을 통해 교회로 계승되었습니다.

이 선교의 사명은 복음서와 사도행전에 기록된 말씀 속에 잘 드러나 있습니다.

> "그러므로 너희는 가서 모든 민족을 제자로 삼아 아버지와 아들과 성령의 이름으로 세례를 베풀고 내가 너희에게 분부한 모든 것을 가르쳐 지

키게 하라 볼지어다 내가 세상 끝날까지 너희와 항상 함께 있으리라 하시니라" _마태복음 28:19-20

"또 이르시되 너희는 온 천하에 다니며 만민에게 복음을 전파하라 믿고 세례를 받는 사람은 구원을 얻을 것이요, 믿지 않는 사람은 정죄를 받으리라" _마가복음 16:15-16

"너희는 이 모든 일의 증인이라 볼지어다 내가 내 아버지께서 약속하신 것을 너희에게 보내리니, 너희는 위로부터 능력으로 입혀질 때까지 이 성에 머물라 하시니라" _누가복음 24:48-49

"오직 성령이 너희에게 임하시면 너희가 권능을 받고 예루살렘과 온 유대와 사마리아와 땅끝까지 이르러 내 증인이 되리라 하시니라" _사도행전 1:8

"예수께서 또 이르시되 너희에게 평강이 있을지어다 아버지께서 나를 보내신 것 같이 나도 너희를 보내노라" _요한복음 20:21

선교의 주체이신 삼위일체 하나님은 예수 그리스도를 믿고 따르는 모든 제자들에게 그 사역을 위임하셨습니다. 교회의 사명은 이제 분명해졌습니다. 그것은 교회 자체의 목적을 위한 것도, 개인의 영적 필요를 위한 공동체도 아닙니다.

교회는 전통적 구조나 특정 조직, 형식에 구애받지 않으며, 하나님의 말씀에 근거해 정의되어야 합니다. 진정한 교회는 세상으로부터 부름 받은 하나님 나라 백성의 공동체이며, 동시에 세상의 구속을 위해 보냄 받은 백성의 공동체입니다.

이는 교회가 하나님과의 교제를 통해 회복을 이루며, 성도의 사랑과 교제를 나누는 동시에 세상을 위한 사명을 수행하는 공동체임을 의미합니다. 그런 관점에서 교회는 '하나님의 선교적 사명을 가지고 그리스도를 따르는 제자들의 성령 공동체'라 할 수 있습니다.

교회의 선교적 회심이 필요합니다. 사명이 명확해질수록 교회의 존재론적 의미는 더욱 강력해질 것입니다.

패러다임 3 : 사명의 성취와 연관성

세 번째 패러다임은 사명의 성취와 깊은 연관성을 가집니다. 앞서 언급했듯이, 오늘날 세상은 점점 치열하고 복잡해지고 있습니다. 복음전파의 사명은 그 어느 때보다 힘겨워졌고, 교회는 과거에 비해 훨씬 약해졌습니다. 이렇게 약하고 연약해진 교회가 선교적 사명을 이룰 수 있을까요?

그러나 놀랍게도 성경은 교회의 위치가 중심부가 아닌 주변부에 있었고, 능력 있는 자들이 아니라 무능하고 힘없는 자들을 통해 이루어졌음을 증언합니다.

선교적 교회론의 관점에서 볼 때, 외부 상황은 성도와 신앙 공동체를 절망에 빠뜨릴 수 없습니다. 초대교회의 환경은 오늘날보다 훨씬 열악했지만, 우리는 그 속에서 선교가 인간의 힘이 아니라 성령의 역사로 이루어진다는 사실을 발견합니다.

사도행전 2장은 성령의 강림이 교회를 '증인의 공동체'로 변화시키는 장면을 보여 줍니다. 주님의 약속대로, 성령의 임재를 받은 교회는 권능을 얻고 담대하게 복음을 전했습니다. 그 결과 놀라운 일들이 일어났습니다. 병자들이 치유되고, 죽은 자가 살아나며, 믿고 세례를 받는 사람들이 끊임없이 나타났습니다.

그러나 이러한 부흥은 오래가지 못했습니다. 부흥이 일어날수록 박해도 심해졌습니다. 사도들과 초기 리더들은 투옥당하고, 매를 맞고, 심지어 순교하는 일도 발생했습니다. 사도행전 8장에 이르러 이러한 박해는 전방위적으로 확산되었습니다.

> " … 그 날에 예루살렘에 있는 교회에 큰 박해가 있어 사도 외에는 다 유대와 사마리아 모든 땅으로 흩어지니라" _사도행전 8:1

상황은 매우 급박하게 전개되었고, 성도들은 안전을 위해 흩어져야 했습니다. 인간적으로 볼 때, 너무 아쉬운 대목처럼 보입니다. 하나님 나라의 선교를 위임 받은 교회가 자리 잡기도 전에 흩어짐이 발생했습니다. 예수님으로부터 교육 받은 사도들만 남겨진 채, 일반 성도들은 유대와 사마리아 전역으로 숨어들어갔습니다. 절망적인 순간처럼 보였습니다. 준비 없이 흩어진 성도들이 과연 무엇을 할 수 있었을까요?

그러나 성경은 그 이후 놀라운 이야기를 전합니다. 흩어진 사람들이 복음을 전파했고[행 8:4], 각종 병자들과 귀신 들린 사람들을 치유했으며[행 8:7], 그들이 가는 곳마다 기쁨이 임했습니다[행 8:8]. 사도들뿐만 아니라 다른 제자들의 사역에서도 성령의 강력한 역사가 나타났습니다. 사도행전은 바로 이러한 성령의 역사를 증언하는 기록입니다. 이는 단순히 소수의 선교적 영웅담이 아니라, 이름조차 알려지지 않은 평범하고 연약한 성도들을 통해 이루어진 성령의 행진이었습니다.

이러한 관점에서 오늘날의 상황을 보면, 교회의 종말은 오지 않았습니다. 단지 본래의 자리로 돌아간 것뿐입니다. 당시 성도들이 나라를 잃고,

사회적 지위와 권세가 전혀 없는 상황에서 거류민과 나그네로서 이 사명을 감당했다면, 오늘날 교회도 여전히 희망적일 수 있습니다. 중요한 것은 교회가 처음 사랑을 회복하고, 성령의 공동체로 전환될 수 있는가 하는 점입니다.

패러다임 4 : 복음을 전하는 창의적 접근

네 번째 패러다임은 복음을 전하는 새롭고 창의적인 접근입니다. 레슬리 뉴비긴은 복음, 세상, 교회 사이의 긴장 관계를 다음과 같이 설명했습니다.

- 복음은 시대가 바뀌어도 변하지 않는 절대 진리이다.
- 세상은 끊임없이 변한다. 이 변화는 시간이 지날수록 가속화 된다.
- 교회의 사명은 변하지 않는 복음을 변화하는 시대에 맞게 전하는 일이다.

뉴비긴은 서구 교회의 쇠퇴를 진단하면서 교회가 변화하는 문화에 대한 이해와 적응, 대응이 부족했다고 보았습니다. 세상은 세속화와 다원주의의 급속한 변화의 물결 속에서 끊임없이 변하고 있는데, 많은 교회는 과거의 방식에 안주하는 경향을 보였습니다.

오늘날 부흥하는 교회들은 이와 다릅니다. 관습에 머무르지 않고, 복음을 전하기 위해 끊임없이 새로운 길을 찾고 도전하는 교회들은 돌파구를 찾습니다. 그들은 새로운 성장 모델을 제시하며 과거의 관습을 반복하지 않습니다.

선교의 방식 또한 마찬가지입니다. 선교적 교회는 오늘날의 시대 문화를 선교적으로 이해하고 접근합니다. 과거 선교는 지리적 관점에서 이해되었습니다. 선교지는 국경 너머 타국, 특히 가난하고 열악한 제3세계를 의미했고, 선교사는 그러한 나라에서 사역하는 특별한 임무를 맡은 사람으로 여겨졌습니다.

그러나 오늘날에는 이러한 구분이 무의미해졌습니다. 모든 곳이 선교지이며, 모든 이가 선교사라는 관점이 중요합니다.

선교의 전통적 성경 해석 또한 새롭게 이해되어야 합니다.

> "오직 성령이 너희에게 임하시면 너희가 권능을 받고 예루살렘과 온 유대와 사마리아와 땅 끝까지 이르러 내 증인이 되리라 하시니라"
>
> _사도행전 1:8

과거 기독교 국가의 관점에서 이 구절은 예루살렘, 온 유대, 사마리아,

땅 끝 순으로 복음전파가 이루어진다고 보았습니다. 그래서 지금은 땅 끝 선교를 해야 할 때라고 강조되었습니다. 그러나 선교적 교회의 관점에서 이 구절은 예루살렘과 온 유대, 사마리아, 땅 끝에서 선교가 동시다발적으로 이루어져야 함을 뜻합니다.

보냄 받은 선교사와 보내는 선교사로 구별하는 대신, 모두가 제자이고, 모두가 선교사로 살아야 한다는 패러다임의 전환이 필요합니다.

패러다임 5 : 선교적 정체성과 삶
이제 우리는 가장 중요한 질문에 직면합니다.

"이 모든 논의가 우리의 삶과 교회 공동체에 어떤 의미를 가지는가?"

선교적 교회는 모든 성도의 선교적 정체성과 사명을 재발견하는 데서 시작됩니다. 모두가 제자이며 모두가 선교사라는 정체성의 회복 없이 선교적 교회는 불가능합니다.

개개인이 먼저 '나는 누구인가?', '나는 어떤 사명을 가지고 있는가?'를 깊이 묵상해야 합니다. 다음 챕터에서는 이 핵심적인 주제를 더 깊이 다루면서, 모든 성도가 선교적 삶을 살아가기 위한 실제적인 방향과 적용 방법을 함께 탐구해 보겠습니다.

교회는 이제 방향을 바꿔야 합니다.

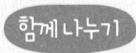 **KEY MESSAGE**

교회는 단지 모이는 장소나 프로그램이 아니라, 하나님이 이 땅에 보내신 존재입니다. 선교는 교회의 여러 사역 중 하나가 아니라, 교회의 존재 목적 그 자체입니다. 교회는 하나님의 선교에 동참하는 '보냄 받은 공동체'로서 세상 속으로 나아가야 합니다.

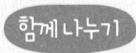 **SHARING TOGETHER**

 생각 열기 START THINKING

- '교회'라는 단어를 들으면 어떤 이미지가 떠오르나요?

- 요즘 주변에서 교회에 대해 가장 자주 듣는 말은 무엇인가요?

CHAPTER 01
사명으로의 U-TURN

🎯 삶과 연결 RELATE TO LIFE

- 나에게 '선교적 교회'는 어떤 모습으로 다가오나요?

- 교회가 세상에 꼭 필요한 이유를 누군가에게 말해 준다면, 뭐라고 이야기하고 싶나요?

🔍 함께 고민하기 GO DEEPER

- 지금 교회가 'U-Turn'이 필요하다고 생각되는 이유는 무엇인가요?

- '선교적 교회'는 당신이 경험한 교회와 어떤 점에서 다르다고 느껴지나요?

Sharing Time
RE_VIVE CHURCH

실천챌린지 WEEKLY CHALLENGE

👤 개인 실천 PERSONAL PRACTICE

- 오늘 하루, 내가 있는 자리에서 복음을 드러내는 말과 행동을 실천해 보세요.

- 짧게라도 하루를 돌아보며, '오늘 나는 복음을 살아냈는가?' 자신에게 질문해 보세요.

👥 공동체 실천 COMMUNITY PRACTICE

- 소그룹에서 '우리가 꿈꾸는 교회'를 함께 나누어 봅시다.
  세 개의 단어로 정리하거나 예: 공감, 파송, 회복 등
  "우리가 꿈꾸는 선교적 교회란 ＿＿＿＿＿＿교회이다"라는 문장을 함께 만들어 보세요.

- 꿈꾸는 교회가 이뤄지면 세상에 어떤 변화가 일어날지 함께 상상하며 나누어 봅시다. 우리 교회가 세상 속에서 어떤 영향력을 미치기를 원하는지, 그리고 그러한 교회가 되기 위해 지금 가장 필요한 변화는 무엇인지 함께 나누어 봅니다.

CHAPTER 01
사명으로의 U-TURN

결단의 기도 PRAYER OF COMMITMENT

하나님, 교회를 향한 당신의 뜻을 다시 기억합니다.

우리가 단순히 모이는 데 머무르지 않고,

세상 속으로 담대히 나아가는

'보냄 받은 교회'로 살아가게 하소서.

프로그램 중심이 아닌 존재 중심으로,

우리의 삶과 공동체를 통해

당신의 뜻이 드러나는 교회가 되게 하소서.

우리 소그룹 안에 선교적 전환의 씨앗이 심어지고,

두려움보다 순종으로,

관성보다 성령의 인도하심으로 나아가게 하소서.

예수님의 이름으로 기도합니다. 아멘.

Chapter **2**

선교적 백성으로의 부르심

RE_VIVE

Q

'성도'라는 말,
당신은 요즘
얼마나 자주 듣고 있나요?

Chapter 02

선교적 백성으로의 부르심

선택은 특권이 아니라 책임입니다

만약 하나님께 단 한 가지 질문을 할 수 있다면 여러분은 어떤 질문을 하시겠습니까? 미국 대학생선교회인 CCC^{Campus Crusade for Christ}가 플로리다대학교 학생들을 대상으로 실시했던 한 조사에 따르면 그들의 주 관심사는 다음 세 가지로 요약됩니다.

- 내 인생의 목적은 무엇인가?
- 이 세상에는 왜 고통과 고난이 있는가?
- 하나님이 존재한다는 것을 어떻게 알 수 있는가?

언뜻 생각하면 '어떻게 성공할 수 있을까', '어떻게 단숨에 부자가 되고 권력과 명예를 얻을 수 있을까' 같은 현실적 고민이 먼저일 것 같지만, 인간 내면 깊은 곳에는 더 근원적이고 본질적인 질문이 자리하고 있음을 알 수 있습니다. 물론 이러한 질문은 현대를 살아가는 젊은이들만의 고민은 아닙니다. 수천 년 전부터 인간은 ①나는 누구인가? ②어떻게 살 것인가? ③어떻게 죽을 것인가를 고민해 왔고, 이러한 인생의 본질을 향한 탐구는 철학과 인문학 연구의 기초가 되었습니다.

그런 면에서 그리스도인의 삶은 분명한 방향성을 가집니다. 모든 인간은 특별한 섭리 가운데 만들어졌기 때문입니다.

> "하나님이 자기 형상 곧 하나님의 형상대로 사람을 창조하시되 남자와 여자를 창조하시고" _창세기 1:27

인간은 단지 여러 피조물 중 하나로 만들어진 존재가 아닙니다. 창조주 하나님의 형상Imago Dei을 따라 자유 의지와 인격, 도덕성, 거룩한 성품, 영적 생명을 부여받은 고귀한 존재입니다. 하나님은 각 사람을 그렇게 독특하고 존귀하게 만드셨습니다. 이사야 선지자를 통한 말씀입니다.

> "너를 만들고 너를 모태에서부터 지어 낸 너를 도와 줄 여호와가 이같이 말하노라" _이사야 44:2a

하나님은 어떤 분이십니까? 나를 모태에서부터 조성하신 분이십니다. 그분의 솜씨가 얼마나 놀라웠던지 하나님은 창조 사역을 마친 후 "그 모든 것을 보시니 보시기에 심히 좋았더라"창 1:31고 말씀하시며 만족하셨습니다. 인간도 마찬가지입니다. 나를 지으신 하나님을 발견하게 될 때, 우리는 자기 자신에 대한 새로운 관점을 갖게 됩니다.

> "우리는 그가 만드신 바라 그리스도 예수 안에서 선한 일을 위하여 지으심을 받은 자니 이 일은 하나님이 전에 예비하사 우리로 그 가운데서 행하게 하려 하심이니라" _에베소서 2:10

여기에서 '만드신 바'라는 표현은 헬라어로는 '포이에마ποίημα'이며 이며, 영어로는 '마스터피스Masterpiece'로 번역됩니다. 즉, 우리는 하나님이 정성스럽게 지으신 걸작품이라는 뜻입니다. 바울은 살아계신 하나님을 인격적으로 만난 후, 자신이 누구인지에 대한 인식을 새롭게 하게 되었습니다. 인간은 예수 안에서 선한 일을 위해 지음 받은 존재이며, 하나님의 선한 계획에 동참하도록 부름 받은 사람들입니다. 그런 맥락에서 시편 기자는 고백합니다.

> "나를 지으심이 심히 기묘하심이라" _시편 139:14

하나님을 만난 사람은 세상에 대한 관점이 달라집니다. 존재의 목적과 가치가 명확해지고, 자기 삶의 방향이 분명해집니다. 세상은 자기만족과 성취를 위해 살아가지만, 하나님의 백성은 하나님의 뜻을 이루기 위해 살아갑니다. 그들은 이 땅에서 자신을 통해 이루고자 하시는 하나님의 뜻을 찾고 그것을 이루기 위한 삶을 꿈꾸게 됩니다. 예수로 인한 구속의 은혜가 창조의 회복을 가져오기 때문입니다.

선교적 관점에서 본 선택과 언약

그리스도인의 운명은 하나님의 구원 역사와 밀접하게 연결되어 있습니다. 완전했던 세상은 인간의 타락과 죄로 인해 살인과 질투, 분노와 반목이 일상화된, 고통과 분열이 가득한 세상이 되었습니다. 사망의 저주는 온 세상에 고통과 절망을 낳았습니다 롬 8:22. 인간은 영적, 도덕적, 사회적 파괴를 경험하면서 구원자의 손길을 기다리는 비참한 존재가 되었습니다 롬 5:12. 하나님의 선교는 바로 그 절망의 자리에서 시작됩니다.

하나님은 죄와 사망 가운데 고통 받는 인류를 구원하시고, 세상과의 화목을 이루기 위해 오랜 계획을 세우시고 자신의 백성을 초청하십니다. 말씀으로 세상을 창조하신 하나님께서 왜 모든 것을 단번에 해결하지 않으시고, 수천 년의 역사를 통해 구원의 계획을 이루어 가실까요? 왜 연약하고 부족한 인간을 그 사역의 주인공으로 초청하실까요? 바로 그 질문 안에서, 우리는 하나님의 기대와 성도의 책임을 발견합니다.

비록 인간은 창조주 하나님을 배신했지만, 하나님의 사랑과 믿음은 변함이 없었습니다. 하나님은 인류에게 사랑과 기회를 부여하신 것입니다. 믿음으로 회복된 백성들이 하나님의 선교에 참여하게 됨으로 자기 죄에 대한 책임을 지는 기회를 얻게 되었습니다.

성경은 바로 그러한 비밀이 담겨 있는 문서입니다. 인류의 구속과 세상의 회복을 위한 하나님의 계획이 성경에 계시되어 있습니다. 성경을 선교적으로 읽고 해석하는 방법을 '선교적 해석학'이라고 부릅니다. 그러한 눈으로 성경을 보면 성도와 교회의 존재 이유와 목적이 선명하게 드러납니다. 이 부분을 좀 더 구체적으로 살펴보겠습니다.

아브라함과 이스라엘을 부르시다

『하나님의 선교 The Mission of God』라는 책을 쓴 크리스토퍼 라이트 Christopher Wright는 성경을 선교적 관점에서 볼 때 가장 중요한 본문이 창세기 12장 1절에서 3절이라고 말합니다. 창세기 1장에서 11장까지는 창조와 인류 역사의 거대한 서사가 담겨 있는 문서입니다. 하나님의 창조로 시작된 세상이 죄로 인해 어떻게 분열되고 혼란에 빠졌는지를 자세히 보여 줍니다.

그리고 12장에 이르러 아브라함이라는 한 개인을 선택하시는 장면이 나옵니다. 이는 마치 "한 사람이 순종하지 아니함으로 많은 사람이 죄인 된 것 같이 한 사람이 순종하심으로 많은 사람이 의인이 되리라"롬 5:19는 말씀의 예표처럼, 하나님께서 아브라함을 선택해서 새 창조의 문을 여시고 구속의 동력을 작동시킨 사건입니다.

라이트는 이 아브라함의 이야기를 단순한 개인의 드라마가 아니라, 세상을 구원하시기 위한 구속적 드라마의 시작이라고 말합니다. 그는 하나님께서 아브라함을 선교 전체의 원천이자 발사대로 삼으신 것이라고 설명합니다.

창세기 12장에 담긴 하나님의 약속의 말씀을 살펴 보겠습니다.

> "여호와께서 아브람에게 이르시되 너는 너의 고향과 친척과 아버지의 집을 떠나 내가 네게 보여 줄 땅으로 가라 내가 너로 큰 민족을 이루고 네게 복을 주어 네 이름을 창대하게 하리니 너는 복이 될지라 너를 축복하는 자에게는 내가 복을 내리고 너를 저주하는 자에게는 내가 저주하리니 땅의

"모든 족속이 너로 말미암아 복을 얻을 것이라 하신지라" _창세기 12:1-3

하나님은 아브라함을 선택하시면서 그로 하여금 큰 민족을 이루고 복을 주어 그 이름을 창대케 하시겠다고 약속하셨습니다. 그 이유는 무엇 때문입니까?

월터 카이저Walter Kaiser는 한 사람을 향한 이 엄청난 축복은 '네가 복이 될 것이다'라는 목적과 연결된다고 말했습니다. 아브라함 개인으로부터 시작된 복이 그를 축복하는 사람들과 모든 족속과 민족으로 확장될 그림을 하나님은 가지고 계셨습니다. "가라"는 명령에 대한 순종이 결국은 '열방을 향한 복의 근원'이 되는 시작점이 된 것입니다.

중요한 점은 하나님의 선택과 언약은 선교적 관점에서 볼 때만 그 뜻이 명확해진다는 사실입니다. 아브라함을 통한 하나님의 구원 계획은 그의 자손들에게 이어집니다. 아브라함과 이삭과 야곱의 계보는 다시 이스라엘 민족으로 확장됩니다. 우리는 종종 이 부분에서 의구심을 갖습니다. 왜 그 많은 민족 중에서 하필 이스라엘을 선택하셨을까? 혹시 이스라엘을 편애하시는 건 아니었을까?

"여호와께서 너희를 기뻐하시고 너희를 택하심은 너희가 다른 민족보다

수효가 많기 때문이 아니니라 너희는 오히려 모든 민족 중에 가장 적으니라" _신명기 7:7

이스라엘을 선택하신 데에는 더 깊은 뜻이 감춰져 있었습니다. 그들이 작은 민족이었기에 선택받았습니다. 자신의 힘과 능력이 아니라 오직 하나님의 은혜로 도구가 되어 열방에 복을 주시고자 하시는 뜻이 담겨 있었습니다. 하나님은 그들과 언약을 맺으시며 이렇게 말씀하셨습니다.

"세계가 다 내게 속하였나니 너희가 내 말을 잘 듣고 내 언약을 지키면 너희는 모든 민족 중에서 내 소유가 되겠고 너희가 내게 대하여 제사장 나라가 되며 거룩한 백성이 되리라 너는 이 말을 이스라엘 자손에게 전할지니라" _출애굽기 19:5-6

하나님의 소유가 되는 특별한 은총을 입은 이스라엘에게 주어진 가장 큰 과업은 '열방을 위한 제사장 나라'가 되는 것이었습니다.

제사장은 자신을 위해 일하지 않습니다. 그는 철저하게 하나님과 단절된 백성의 회복을 위해 사역합니다. 그들은 또한 거룩한 삶을 통해 하나님의 임재와 통치를 드러냅니다. 세상과 구별되는 방식으로 존재하면서 하나님 나라의 성례와 상징, 구원의 도구가 되어야 할 막중한 사명이 그들에게 맡겨져 있었습니다. 이사야 선지자는 이스라엘의 존재 이유를 다음과 같이 밝혀 줍니다.

> "나 여호와가 의로 너를 불렀은즉 내가 네 손을 잡아 너를 보호하며 너를 세워 백성의 언약과 이방의 빛이 되게 하리니" _이사야 42:6

하나님을 알지 못했던 이방 사람들은 이스라엘의 거룩하고 구별된 삶과 사역을 통해 하나님에 대한 호기심과 갈망을 품게 되었습니다. 선교학자들은 이러한 선교 방식을 구심적 선교Centripetal mission라고 부릅니다. 구심력은 끌어당기는 힘이 있습니다. 성도들의 존재론적 탁월성과 매력, 선한 영향력이 사람들을 자연스럽게 신앙 공동체로 찾아오게 만듭니다. 선교는 세상의 구속을 위해 보냄 받은 성도들의 활동, 즉 원심적 선교를 통해 전개 되지만, 구심력이 없이는 힘을 발휘할 수 없습니다. 행함보다 더 중요한 것이 존재입니다. 오늘날 사람들은 이 부분을 중요하게 여깁니다. 무엇을 했는가보다 그 안에 담긴 진정성과 의도를 먼저 파악하려 합니다.

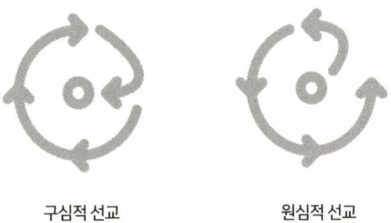

구심적 선교　　　　원심적 선교

열방의 빛으로서 이스라엘은 하나님의 통치를 드러내는 상징symbol과 같습니다. 그들은 유일하신 하나님을 예배하며, 그분의 법과 계명을 지키는 민족이었습니다. 하나님의 선하심과 정의를 실현하는 탁월한 삶은 사람들에게 감탄을 자아내게 했고, 하나님을 예배하는 자리에 나아오게 하여 참된 화해와 샬롬shalom, 평화, 평안이 실현되는 은혜를 경험케 합니다 사 60장.

레슬리 뉴비긴은 "선택은 특권이 아니라 책임을 위한 것이다"라고 말했습니다. 오늘날 교회 공동체의 부르심을 생각해 보십시오. 교회는 예수 그리스도의 죽음을 통해 구속받은 하나님 백성들의 공동체입니다. 하나님 백성의 공동체인 교회의 존재 양식이 복음전파와 선교를 규정합니다. 세상의 빛과 소금으로서 역할을 감당할 때 선교의 문은 열립니다. 그러나 그 반대의 경우, 복음전파와 선교는 불가능해집니다.

오늘날 한국 교회의 어려움은 이 문제와 맞닿아 있습니다. 세상을 향한 활동이 부족해서가 아닙니다. 교회는 그 어느 단체보다 역동적이며 다양한 사역을 합니다. 이에 비해 영향력은 급격히 감소하고 있습니다. 존재론적으로 인정을 받지 못하고 있기 때문입니다.

성도의 삶이 중요한 이유가 여기 있습니다. 선교는 성도의 삶을 통해 시작됩니다. 삶의 자리가 선교지이며, 성도들이 보냄 받은 선교사입니다. 우리의 언어와 행동이 복음의 척도입니다. 이스라엘은 그 사명을 완수하지 못했고 결국 하나님은 당신의 아들 예수 그리스도를 세상에 보내시는 결정을 하십니다.

예수의 제자들에게 사명이 위임되다

이스라엘을 통한 하나님의 구원 계획은 그 백성의 죄와 타락으로 완성되지 못했습니다. 열방의 빛이 되기 위해 선택된 백성이었지만, 사명 대신 특권만을 원하는 민족이 되고 말았습니다. 그러나 세상을 구원하고자 하시는 하나님의 열심은 계속되었습니다. 하나님은 더 큰 결단을 내리십니다. 자신의 아들 예수 그리스도를 이 땅에 보내시고, 그의 죽음과 부활을 통해 구원의 참된 길을 열어 주셨습니다. 그리스도를 따르는 제자들을 통해 교회가 형성되고 그들은 하나님의 대사가 됩니다.

선교신학자 데이비드 보쉬David Bosch는 "예수님의 제자들은 처음부터 선교사가 되도록 부름을 받았다"고 말합니다. 그러나 오늘날 많은 그리스도인은 선교사를 특정 직분으로 오해합니다. 어떤 특별한 소명을 받은 사람들만이 감당할 몫이지 나와는 상관없는 일로 여깁니다. 하지만

이는 왜곡된 생각입니다. 예수께서 주신 위임명령은 모든 그리스도인에게 동일하게 주어진 말씀임을 잊어서는 안 됩니다.

그리스도인이 된다는 것은 하나님이 창조주이시며, 예수님이 내 삶의 주인이심을 인정하는 것을 전제로 합니다. 그리스도께서 내 삶의 주인이 되실 때, 우리는 존재론적 변화를 경험합니다. 더 이상 사망의 권세가 우리를 지배할 수 없습니다. 성도들은 하나님의 자녀로서 새로운 생명을 얻고, 이 땅에 속한 자가 아니라 하늘에 속한 자로 살아갑니다. 베드로 사도는 이러한 성도의 정체성을 다음과 같이 묘사했습니다.

> "그러나 너희는 택하신 족속이요 왕 같은 제사장들이요 거룩한 나라요 그의 소유가 된 백성이니 이는 너희를 어두운 데서 불러 내어 그의 기이한 빛에 들어가게 하신 이의 아름다운 덕을 선포하게 하려 하심이라"
> _베드로전서 2:9

신약시대 제자들에게 주어진 사명은 전혀 새로운 것이 아니었습니다. 그 사명은 아브라함으로부터 시작되어 이스라엘 백성으로 이어졌던 하나님의 부르심이 신약시대의 제자들에게 그대로 계승된 것입니다. 예수의 제자들은 제사장으로서, 거룩한 나라로서 세상 가운데 존재합니다. 그들 역시 열방 가운데 하나님의 아름다운 덕을 선포해야 하는 사명을 부여받았습니다. 이것이 구약시대로부터 신약시대까지 이어지는 선택의 의미입니다. 레슬리 뉴비긴은 이러한 성경적 흐름을 연구한 후, 이것을 'Open Secret열린 비밀 혹은 공공연한 비밀'이라고 표현했습니다.

선교적 교회는 성도의 선교적 정체성Missional identity을 인식하는 곳에서부터 시작됩니다. 성도로서 우리의 부르심은 하나님 나라와 세상을 위해 존재합니다. 성도의 공동체인 교회 역시 마찬가지입니다. 이 목적을 붙잡을 때 교회의 사역은 명확해 집니다. 무엇을 하고, 어떻게 존재해야 하는지가 분명해질 때 교회의 선교적 본질과 사역이 발견될 수 있습니다.

오늘날 모든 성도는 자신의 정체성을 분명히 인식하고 있는지요? 다음 챕터에서는 선교적 존재로서 부름 받고 보냄 받은 교회의 사역이 일상에서 어떻게 연결되는지 살펴보겠습니다.

하나님의 선교는 교회의 출발점입니다.

핵심 메시지 KEY MESSAGE

하나님은 선교하시는 분이며, 교회는 그 선교에 동참하는 '선교적 백성'입니다. 하나님의 선택은 특권이 아니라 책임이며, 우리는 세상을 위한 제사장 공동체로 부름 받았습니다. 선교적 백성은 교회 안에 머무르지 않고, 삶의 자리에서 하나님 나라를 증거하는 존재입니다. 세상으로 흘러가야 합니다.

함께 나누기 SHARING TOGETHER

 생각 열기 START THINKING

- 내 인생의 궁극적인 질문을 생각해 봅니다. 무엇을 하나님께 묻고 싶은가요?

- 하나님의 형상대로 지음 받았다는 말이 내 삶에 어떤 의미가 있나요?

CHAPTER 02
선교적 백성으로의 부르심

🎯 삶과 연결 RELATE TO LIFE

- 내 인생에서 하나님의 부르심을 특별히 느꼈던 순간이 있다면 언제였나요?

- "나는 복이 되기 위해 선택받았다"는 말이 실제로 다가온 적이 있나요?

🔍 함께 고민하기 GO DEEPER

- 하나님의 '선택'은 왜 책임을 포함한다고 생각하나요?

- 아브라함, 이스라엘, 그리고 오늘의 교회가 연결되는 선교적 흐름에서 나는 어디에 있나요?

- 오늘날 교회가 '제사장 공동체'로서 세상을 향한 사명을 잃는 이유는 무엇일까요?

실천챌린지 WEEKLY CHALLENGE

개인 실천 PERSONAL PRACTICE

- '나는 어떤 방식으로 이웃에게 복이 되고 있는가?'를 생각해 보고, 주변 사람에게 감사 또는 축복의 메시지를 전달해 보세요.

공동체 실천 COMMUNITY PRACTICE

- '하나님의 은혜와 사랑'이 필요한 대상을 살펴보고, 그들을 위한 소그룹 선언문을 만들어 봅시다. 예 : "우리는 ○○를 위해 보냄 받은 공동체입니다."

- 선언문을 바탕으로 한 주간 '복의 통로'가 될 수 있는 일들을 정하고, 한 가지를 선택해 실천해 봅시다. 예 : 자녀에게 사랑으로 칭찬하기, 이웃과 따뜻한 커피 타임 갖기, 독거 어르신의 말벗 되기 등

CHAPTER 02

선교적 백성으로의 부르심

결단의 기도 PRAYER OF COMMITMENT

하나님, 우리를 부르시고 보내신 뜻을
다시 기억합니다.
우리가 받은 은혜를 세상에 흘려보내는
복의 통로로 살아가게 하소서.
선택의 의미를 특권이 아닌
책임으로 받아들이는 성숙함을 주시고
우리의 공동체가 제사장 나라로서
세상을 섬기며 살아가게 하소서.
예수님의 이름으로 기도드립니다. 아멘.

Chapter **3**

일상에서의 선교

RE-VIVE

Q

선교라는 말,
지금 내 삶과 얼마나 연결되어 있다고 느껴지나요?

Chapter ● 03

일상에서의 선교

지금 이곳이 선교지입니다

배운 대로 사는 교회

만약 우리 교회가 이웃 사람들에게 '배운 대로 사는 교회'라는 평가를 받을 수 있다면 어떤 일이 일어날까요?

새롭게 부흥하는 교회에 대한 갈증을 안고 현장 연구에 몰두하던 시기였습니다. 그 무렵 여러 사람들로부터 급격히 성장하고 있다는 이야기를 자주 들은 교회 중 하나가 바로 '리얼 라이프 처치Real Life Church'였습니다. 개척된 지 10년 만에 이 교회는 「Outreach Magazine」이 선정한 미국에서 가장 빠르게 성장하는 교회 중 하나로 소개되었고, 이후로도 그 흐름을 꾸준히 이어가고 있었습니다.

그런데 이 교회가 더욱 인상 깊게 다가온 이유는, 다양한 사람들의 입에서 반복적으로 들려온 공통된 평가 때문이었습니다. "이 교회는 배운 대로 사는 교회예요." 심지어 이사 간 지인의 자녀가 이 교회를 다니며 "우리 교회는 배운 대로 사는 교회예요"라고 자랑했다는 이야기를 전해 듣기도 했습니다. 그 짧은 한마디가 이 교회의 정체성과 방향성을 가장 잘 보여 주는 문장처럼 느껴졌습니다.

호기심과 기대감을 가지고 방문한 교회는 매우 젊고 역동적이었습니다. 예배는 사회자 없이 유기적으로 흐르는 단순하고 세련된 형식을 지향했습니다. 어떤 측면에서는 순서가 너무 간결하여 허전한 느낌이 들기도 했습니다. 마치 극장에 와 있는 듯한 느낌이랄까요? 실제로 좌석마다 컵홀더가 설치되어 있었고, '교회가 이렇게까지 사람들의 편의를 고려할 필요가 있을까?' 하는 생각이 들기도 했습니다.

그러나 인터뷰를 하면서, 이 교회가 단순히 젊고 세련된 외형만 가진 곳이 아니라, 이 지역의 특성과 상황에 맞게 개척되었음을 자연스럽게 이해하게 되었습니다. 교회의 여러 모습은 처음부터 이 지역에 교회를 세우게 된 이유와 긴밀하게 연결되어 있었습니다.

이 지역은 젊은 부부들이 많이 거주하는 도시였고, 교회는 이들을 효과적으로 전도하기 위해 다양한 조사를 진행했습니다. 그들은 여러 조사를 통해 기혼 남성을 전도하는 게 중요하다는 결론에 도달했습니다. 이들을 위한 선교 전략을 세우는 과정에서 중요한 사실 하나가 드러났습니다.

바로, 30대 기혼 남성들이 가장 편하게 느끼는 공간이 '극장'이라는 점이었습니다. 교회는 이들의 마음을 열기 위해 예배당 구조를 극장처럼 구성했고, 그들이 자연스럽게 들어올 수 있도록 익숙한 환경을 조성했습니다. 동시에, 삶을 함께 나눌 수 있는 '안전한 공동체'를 원하는 이들의 필요를 파악하고, 그에 맞는 문화를 만들어 갔습니다.

그렇다면 이 교회가 '배운 대로 사는 교회'라는 평판을 얻게 된 진짜 이유는 무엇이었을까요? 그 비밀은 바로 소그룹에 있었습니다. 'Life Group'이라는 이름으로 운영되는 소그룹은 성도들의 신앙생활 중심에 자리하고 있었고, 그들의 일상에 깊이 뿌리내린 신앙 실천의 통로였습니다.

모임의 방식은 단순합니다. 주일에 선포된 말씀을 중심으로 받은 은혜를 함께 나누고, 그 말씀을 어떻게 삶에 적용하며 살아갈 것인지에 대해 고민합니다. 겉으로 보기에는 많은 교회가 운영하는 소그룹과 크게 다르지 않아 보일 수 있습니다. 그러나 이 교회는 한 가지를 더합니다.

바로 공동체적으로 실천할 수 있는 항목을 정하고, 그것을 실제로 실행에 옮긴다는 점입니다.

그 실천은 언제나 일상과 맞물려 있습니다. 지역사회에서 소외되고 연약한 이웃, 사랑과 돌봄이 필요한 사람들을 찾아가 섬기며, 소그룹이 함께할 수 있는 구체적인 일들을 하나씩 실천해 나갑니다. 이러한 공동체적인 삶의 실천은 점차 강력한 영향력을 만들어 냅니다.

이러한 일상적이고 지속적인 실천이 모여 거대한 파장을 일으킵니다. 수십 개, 수백 개의 소그룹이 정기적으로 지역사회를 향해 나아가고, 그 영향력은 일회성 이벤트가 아닌 장기적인 변화로 이어집니다.

이렇게 상상해 보십시오. 교회 안의 모든 소그룹이 정기적으로 지역사회로 나아간다면 어떤 일이 벌어질까요? 일회성 봉사가 아니라 매주, 매달 꾸준히 사역이 이어진다면 그 영향력은 얼마나 클까요?

그렇게 해서 리얼 라이프 처치는 실제로 '배운 대로 사는 교회'라는 명성을 얻게 되었습니다. 이 이름은 이웃 사람들이 감동하여 붙여준 명예로운 별칭입니다. 말씀을 삶으로 살아내려는 성도들의 진지한 노력이 세상을 감동시킨 것입니다. 실제로 많은 젊은 30대 가장이 교회에 찾아왔고 이후 아내와 자녀들이 함께 등록하면서 교회는 폭발적인 성장을 이루게 되었습니다.

때로 우리는 복음을 살아낸다는 것 자체에 무거운 부담을 느낍니다. 너무나 세속적인 세상 속에서 신앙인의 정체성을 지키며 살아가는 일은 결코 쉽지 않기 때문입니다. 믿음을 지킨다는 것이 어느 순간에는 외롭고 버거운 싸움처럼 느껴질 수 있습니다.

하지만 누군가와 함께한다면 이야기는 달라집니다. 비록 힘겨운 길이라 해도, 동반자가 있다면 우리는 다시 걸어갈 용기를 얻습니다. 바로 그 점에서 신앙 공동체는 너무나 중요합니다. 혼자서는 선교적 삶을 사는 것이 어려울 수 있지만, 같은 방향과 가치를 지닌 동역자들과 함께할 때 우리는 넉넉히 이길 힘과 지혜를 얻게 됩니다.

만인 제사장에서 만인 선교사로

이러한 맥락에서, 선교적 교회는 선교를 삶의 현장으로 가져온 사건입니다. 우리는 전통적으로 선교를 어떻게 이해해 왔을까요? 선교는 나의 삶의 자리를 떠나 먼 타국이나 오지에서 이루어지는 특별한 사역이라고 여기지 않았나요? 또한 선교사란 일반 사람들이 가지지 못한 특별한 사명을 품은 이들이 행하는 특수 사역이라는 생각을 갖지 않았나요? 물론 이러한 형태의 사역을 선교라고 칭하는 것이 틀린 일은 아닙니다. 그러나 이러한 개념에는 잘못된 전제가 감춰져 있습니다.

'선교란 나의 삶의 현장과 먼 곳에서 발생하는 사건이며, 그러므로 선교는 나와 상관없는 다른 누군가의 일이다.'

선교적 교회는 이 전제에 의문을 던집니다. 물론 전통적인 의미의 해외 선교는 여전히 중요합니다. 주님께서 "오직 성령이 너희에게 임하시면 너희가 권능을 받고 예루살렘과 온 유대와 사마리아와 땅 끝까지 이르러 내 증인이 되리라 하시니라"행 1:8고 말씀하신 지상명령은 여전히 유효하며, 모든 그리스도인은 그 사명에 어떤 형태로든 참여해야 합니다. 모두가 땅끝 선교사로 갈 수 없기에 누군가는 보냄을 받고, 누군가는 그들을 도와야 합니다. 교회 공동체가 하나가 되어 '가는 선교사 보내는 선교사'로 존재하는 것도 중요합니다.

그러나 주님은 이 사명을 결코 성도 간에 구분해서 맡기지 않으셨습니다. 모든 제자는 동일한 선교적 위임을 받은 존재입니다. 그렇다면 질문이 생깁니다. 모든 그리스도인이 선교사라면, 모두가 삶의 자리를 떠나 해외 선교지로 가야 하는 것일까요? 그것을 감당하지 못하기 때문에 나는 보내는 선교사로 물질과 기도로 후원하며 양심의 위로를 받아야 할까요?

결코 그렇지 않습니다. 종교개혁자들은 모든 성도가 '제사장'의 정체성을 회복해야 한다고 외쳤습니다. 이것을 우리는 '만인 제사장'이라고 부릅니다. 안수를 받은 성직자뿐 아니라 모든 성도가 하나님 나라의 제사장이라는 사실은 지축을 흔들었습니다. 1천 년 이상 지속되어 온 기독교 국가 체제에서 제사장적 역할은 성직자들에게만 허용된 거룩한 직위였습니다. 기독교의 가치와 질서가 성직으로부터 형성된다고 그들은 믿었습니다.

그 정점에 교황이 있었습니다. 그들의 지위는 세상 권력이 감히 넘볼 수 없는 최고점에 있었고, 세속 국가의 국왕이 되기 위해서 교황의 재가를 받아야 하는 시대도 있었습니다. 중세 시대 1077년 1월, 신성로마제국의 황제였던 하인리히 4세 Heinrich IV가 자신을 파문한 교황 그레고리우스 7세 Gregory VII의 용서를 구하기 위해 이탈리아 북부 카노사 성에 찾아온 일화는 유명합니다. 성문 밖 살을 에는 추위 속에서 내복 차림으로 사흘을 금식하며 기다렸던 '카노사의 굴욕 The Humiliation at Canossa'은 당시 교권이 얼마나 높았는지를 대변해 주는 사건이었습니다.

그런 상황이 이어지던 1500년대에, 종교개혁자들은 만인 제사장을 외쳤습니다. 성직자만이 아니라 모든 성도가 제사장으로 부름을 받았다는 믿음을 주장하며 목숨을 건 개혁을 전개했습니다.

성도의 지위는 그렇게 고결합니다. 그렇게 구별된 자리입니다. 제사장으로서 주어진 사명은 무엇입니까? 자신의 안위를 위한 자리가 아닙니다. 하나님과 단절된 관계가 회복될 수 있도록 하는 일이 제사장의 임무입니다. 그리스도의 제자로 부름 받은 모든 성도는 자신이 있는 곳에서 제사장의 역할을 감당해야 합니다. 자신이 있는 곳에서 주님의 자비와 은혜, 구원이 필요한 사람들을 하나님과 연결시켜야 합니다. 그것이 바로 선교사의 임무이며 선교적 삶의 기초입니다.

일상이 선교지이다 Here and Now

우리의 일차적 선교지는 나의 일상이 이뤄지는 장소입니다. 주의 백성들은 하나님 나라를 위한 동일한 사명을 받았지만 주어진 은사와 소명에 따라 선교적 사명을 수행합니다. 어떤 이들은 먼 이국 땅에 사는 죽어가는 영혼을 위해 부름을 받고, 어떤 사람들은 자기가 태어나 살고 있는 지역과 이웃을 위해 보냄을 받습니다. 만인 제사장으로서 주어진 기능과 직임이 다른 것처럼, 선교적 사명 역시 같은 맥락에서 이해되어야 합니다.

누군가는 선교적 교회가 지역에만 국한된 사역이라고 비판합니다. 만약 선교적 교회를 그렇게 이해하고 실행한다면 그 비판은 정당합니다. 그러나 이는 선교적 교회를 편협하게 오해한 결과입니다. 선교적 교회는 지역에 국한되지 않습니다. 지역과 열방을 구분하지 않습니다. 이 사역은 부르심과 연결됩니다. 선교지란 특정 지역이 아니라, 복음이 필요한 모든 곳임을 기억해야 합니다. 그런 맥락에서 보면 왜 선교적 교회가 지역을 강조하는지도 이해할 수 있습니다.

특별히 기독교 문화가 지배했던 서구 사회에서는 모든 국민이 기독교인이라는 전제가 있었습니다. 그들에게 선교지는 자국이 아닌 제 3국을 의미했습니다. 그러나 더 이상 기독교 국가로서 정체성을 유지할 수 없게 되었을 때, 그들은 자신이 있는 그곳이 선교지가 되었음을 깨닫게 되었습니다. 자신의 나라가 선교지가 되었다는 사실을 받아들이는 것조차 엄청난 용기가 필요했을 것입니다. 이러한 상황 변화는 성경을 선교적으로 읽고 해석하는 계기가 되었습니다.

한국 교회는 서구 교회가 경험한 그런 충격을 겪은 적은 없습니다. 한국은 한번도 기독교 국가인 적이 없지만, 내부적으로는 기독교 국가 정신에 영향을 받은 적이 있습니다. 특히 교회성장이 불같이 일어났을 때 한국 사회 전체가 곧 기독교 국가가 될 거라는 믿음이 많았습니다. 2000년대 들어 교회성장의 기세가 꺾이고 정체 증상이 보이자 서구에서 일고 있던 선교적 교회에 대한 관심이 발생했습니다. 그리고 얼마 되지 않아, 교회의 쇠퇴 현상이 가시화되었습니다.

지난 10년간 한국 교회의 쇠락은 전 세대를 아우르는 현상으로 나타났습니다. 유치부, 유년부, 초등부, 중등부, 고등부, 대학 청년부, 장년부, 노년부에 이르기까지 모든 세대에서 성도 수가 줄었고, 이 흐름은 지금도 계속되고 있습니다. 앞으로 10년 후 한국 교회의 미래를 장담하기 어렵습니다. 대다수의 교회가 서구 국가와 같이 노인만 남을 가능성이 크며, 많은 교회가 문을 닫을 수도 있습니다.

가장 큰 고민은 젊은 세대와 다음 세대의 이탈입니다. 청년들이 교회에서 점점 사라지고 있는 현실은 이미 수년 전부터 시작된 현상입니다. 이제 중고등부와 그 아래 세대들은 멸종 위기에 처해 있다고 해도 과언이 아닙니다. 주일학교가 사라진 교회가 절반이 넘고, 다음 세대는 기독교 신앙을 갖는 것이 일반적인 현상이 아니게 되었습니다. 믿음을 가져도 그것을 드러내기 어려운 사회 분위기가 형성되어 있습니다. 실제로 교회 다니는 것을 일부러 공개하지 않는다고 말하는 청년들도 많아졌습니다. 이는 한국 사회가 기독교에 대해 점점 비호의적인 태도를 보이고 있다는 뜻이며, 전반적인 세속화 흐름도 매우 빠르게 진행되고 있음을 보여 줍니다.

한국 사회가 선교지라는 사실을 잊어서는 안 됩니다. 이는 단지 수치상의 문제가 아니라, 우리 사회의 영적 상태와도 깊은 관련이 있는 현실입니다.

정리하면, 선교적 교회는 우리가 살고 있는 지역만을 추구하지 않습니다. 우리는 예수께서 말씀하신 것처럼, 우리가 거하는 이곳Here과 땅끝인 저곳There을 동시에 품어야 합니다. 그러나 우리의 선교는 내가 거하는 이곳Here에서 지금Now 시작되어야 합니다.

존재가 선교의 시작이다

이런 흐름을 인식한다면, 우리가 살고 있는 지역과 현재를 강조하는 것은 결코 편협한 시각이 아닙니다. 오히려 선교적 긴급성을 깨닫고, 지금 이곳에서 시작해 땅끝까지 이르는 사명에 대한 각성이 필요한 시점입니다. 일상의 선교가 중요한 이유도 바로 여기에 있습니다. 선교는 행위의 결과가 아니라 존재에서 비롯됩니다.

선교는 메시지를 전달하는 그 사람의 삶과 태도, 즉 존재 자체를 통해 이뤄집니다. 아무리 훌륭한 메시지를 전하더라도, 전달하는 사람의 삶이 뒷받침되지 않는다면 사람의 마음을 움직일 수 없습니다. 존재 그 자체가 메시지이며, 곧 선교의 수단입니다.

오늘날 한국 교회의 위기도 이와 무관하지 않습니다. 사역의 진부함 때문이 아니라, 교회의 존재 자체가 더 이상 중요하게 여겨지지 않기 때문입니다. 초대교회를 떠올려 봅니다. 당시 사람들의 눈에 비친 교회는 비주류 이단 신앙을 가진 사회적 약자의 집단에 불과했습니다. 교회 구성원인 성도들은 나라를 잃고 떠돌아다니는 거류민과 나그네였습니다. 그런데 그런 교회가 수 세기 안에 로마 제국 전체를 기독교로 바꾸는 믿을 수 없는 변화를 이끌어냈습니다. 그들은 당시 주변의 야만인들처럼 힘으로 로마를 제압하지 않았습니다. 그들의 손엔 창과 칼 대신 복음이 들려 있었습니다. 말보다 삶으로 복음을 살아내는 공동체였던 것입니다.

당시 그리스도인들을 바라보며 사람들이 남긴 기록을 보십시오.

"그리스도인들은 자기 나라에서 살지만, 오직 거류민으로 삽니다. 그들은 외국인처럼 모든 것을 감내합니다…."
_「디오그네투스에게 보낸 편지 Epistle to Diognetus」 5장 5절

"그리스도인들은 죽음을 두려워하지 않았습니다. 죽음을 두려워할 필요가 없다는 신념을 가지고 있었기 때문입니다."
_키프리아누스, 「죽음에 관하여」 중에서

"그들은 선한 일을 하는데 머뭇거리지 않고, … 올바르게 살기를 힘쓰고 교회를 향한 열정을 품었고, 배운 대로 행했습니다."
_「사도전승」 21장 참조

선교를 생각하면 위대한 영웅들을 떠올리기 쉽습니다. 하지만 하나님 나라의 선교적 열매는 이름도 없이 빛도 없이 복음을 위해 존재했던 수많은 제자들 때문에 가능한 일이었습니다. 열악한 환경 속에서도 복음을 품고 살았던 그리스도인들, 그들에게는 죽음조차도 무너뜨릴 수 없는 참 소망이 있었습니다. 이 땅에 살면서 하늘의 법을 품고 살아갔던 아름다움이 있었던 것입니다.

스튜어트 머레이Stuart Murray는 이들에 대해 다음과 같이 기술했습니다.

"우리는 기독교 국가 이전의 '선교사들'을 거의 모른다. 선교는 주로 이름 없는 그리스도인들의 증거, 곧 수 없는 친절한 행동, 가족과 친구의 유대 관계, 도전적인 제자도, 진지한 대화에 의존했다. 전도는 전문가의 활동이 아니라 생활양식이었다."
일상교회, 148

일상의 선교가 중요한 이유가 여기에 있습니다. 교회가 열방을 향한 사역을 아무리 활발히 진행한다 해도, 성도 한 사람 한 사람의 삶 속에서 선교가 실현되지 않는다면 그것은 프로그램일 뿐입니다. 존재에서 출발하지 않는 사역은 본질적인 선교가 아닙니다.

모든 성도가 선교적 열정을 품고 자신이 있는 삶의 자리에서 선교적 삶을 살아갈 때, 교회는 비로소 공동체적인 선교를 이루게 됩니다. 초대교회처럼, 성도가 주체가 되는 선교가 모여 교회의 정체성과 사명을 형성해 가는 것입니다. 사역의 초점이 지역사회일 수도, 디아스포라나 열방을 향한 사역일 수도 있습니다. 결국 존재가 사역을 형성합니다.

선교는 먼 나라 이야기도, 특별한 사람만의 이야기도 아닙니다. 지금 내가 있는 이 땅, 이 지역, 내 이웃, 내가 사랑하는 사람들과 함께하는 삶이 선교의 출발점입니다.

한국에서 선교적 교회를 지향하며 사역하고 있는 많은 교회들을 만납니다. 감사한 것은 진지하게 교회의 체질을 선교적으로 변화시키려는 교회들이 많다는 점입니다.

경기도 안양에 위치한 새중앙교회_{황덕영 목사}는 성도들이 일상에서 선교사로 살 수 있는 실제적 체제를 만들었습니다. 그들이 선교적 헌신을 하면, 기존 선교사들과 똑같은 훈련을 시키고 그들을 '비전 선교사'로 파송합니다.

그들은 각자의 직장과 사업장에 '비전 캠퍼스'를 세웁니다. 예배를 드리고 전도하며 선교 사명을 수행합니다. 그렇게 헌신한 비전 선교사들이 이 교회엔 1천 명이 넘고, 그렇게 세워진 비전 캠퍼스가 수백 개에 달합니다. 비전 캠퍼스는 미용실, 학원, 부동산 중개소, 음식점, 병원, 공방, 피부 관리실, 학교 등 성도가 있는 곳이면 어디든지 세워집니다.

이러한 흐름은 놀라운 열매로 이어집니다. 사역의 역동성이 청년들과 자녀 세대에게도 자연스럽게 이어지고 있기 때문입니다. 교회 근방의 수십 개의 중고등학교에 예배와 기도 모임이 세워졌고, 대학 캠퍼스에도 다양한 선교 공동체가 일어났습니다. 이 사역이 알려지자, 선교적 비전을 가진 다른 교회들이 이 모델을 자기 교회에 맞게 적용하는 일들도 발생했습니다.

일상에서 시작된 선교는 곧 열방으로 뻗어나갑니다. 세계를 품고, 이주민과 북한 선교, 미전도 종족까지 선교적 꿈과 비전이 확장됩니다. 자신이 선교의 주체가 되자 열방을 보는 눈이 열렸습니다. 그 열기가 교회에 가득해지자 선교를 위해 전부를 거는 공동체로 변했습니다.

이러한 사역은 규모가 작고 비주류로 여겨지는 교회에서도 충분히 가능합니다. 오히려, 작은 규모이기 때문에 더 민감하게 본질을 붙들고, 창의적인 방식으로 선교적 사명을 실현할 수 있습니다.

예를 들어, 경기도 김포에 위치한 '움직이는 교회김상인 목사'는 '교회로 살면 교회는 개척된다'는 모토 아래 성도들을 일상 선교사로 훈련해 파송합니다. '일상교회 개척스쿨'을 통해 성도들이 각자의 삶의 자리에서 교회로 살아가도록 돕습니다. 훈련 받은 성도들은 각자의 직장, 지역에서 은사와 부르심에 따라 '향기교회', '호흡하는교회', '일상교회' 등 자신만의 교회를 개척하며 선교사로서의 삶을 살아갑니다.

미국 조지아주 애틀랜타의 '그레이스 미드타운 처치Grace Midtown Church'는 'Neighborhood Table' 사역을 통해 지역 밀착형 선교를 실천합니다. 매주 토요일, 교회 앞마당에 식탁을 차려 노숙인, 외국인 근로자, 저소득층과 성도들이 함께 식사하며 복음의 이야기를 나누고 있습니다. 예배로 초대하기보다 먼저 함께 먹고 삶을 나누는 관계 중심의 선교를 실천하고 있습니다.

이처럼 선교적 사역은 자원의 문제가 아니라 '존재'의 문제임을 알게 됩니다. 지금 이 자리에서 복음을 살아내는 성도와 교회가 될 때, 우리는 진정한 '보냄 받은 공동체'로 존재하게 됩니다.

선교적 교회의 사역은 이렇게 시작됩니다. 선교를 일상으로 좁혀오는 것이 아니라, 일상에서 시작하여 열방으로 확장됩니다.

교회가 다시 선교로 숨 쉬고, 성도들이 복음을 품은 삶으로 세상 속에 서게 되는 그날은, 우리가 일상이 선교지이며 열방을 향한 출발점임을 잊지 않을 때 다가온다는 사실을 기억하기 원합니다.

선교는 먼 나라가 아니라, 삶의 자리에서 시작됩니다.

핵심 메시지 KEY MESSAGE

선교는 어디론가 가는 것이 아니라, 지금 서 있는 자리에서 시작됩니다. 모든 성도는 삶의 현장에서 하나님의 나라를 살아내는 선교사입니다. 정직하고 진정성 있는 삶이 복음을 드러내는 가장 강력한 통로입니다.

함께 나누기 SHARING TOGETHER

생각 열기 START THINKING

- '선교' 하면 어떤 장면이나 이미지가 떠오르나요?

- 내 일상(직장, 가정, 이웃)이 선교지라는 말에 얼마나 동의하나요?

CHAPTER 03
일상에서의 선교

🎯 삶과 연결 RELATE TO LIFE

- 일상에서 복음을 실천했다고 느꼈던 경험이 있다면 나눠 주세요.

- 내가 한 행동을 통해 누군가가 하나님을 느꼈다는 피드백을 들은 적이 있나요?

🔍 함께 고민하기 GO DEEPER

- 선교적 삶이 왜 '특별한 사람'의 사명이 아닌 '모든 성도'의 사명인가요?

- '배운 대로 사는 삶'이 지역에 어떤 영향을 미칠 수 있을까요?

- 내가 속한 공동체는 선교적 역할을 감당하고 있나요?

WEEKLY CHALLENGE

개인 실천 PERSONAL PRACTICE

- "내가 선교사라면 오늘 하루를 어떻게 살까?"라는 질문을 가지고 하루를 살아보세요.

- 일상 속에서 복음을 드러낼 수 있는 구체적인 행동 한 가지를 시도해 보세요.
  예 : 용서, 격려, 섬김, 정직한 거래, 먼저 인사하기 등

공동체 실천 COMMUNITY PRACTICE

- 각자의 삶 속 선교지를 나누고, 그곳에서 하나님께서 하시길 원하는 일을 상상해 봅시다.

- 그 상상 속 변화에 따라 이번 주 실천할 수 있는 선교적 행동을 정하고 시도해 봅시다.

- 실천한 내용을 다음 모임 때 한 문장 혹은 짧은 그림, 사진 등으로 나누어 봅시다.

CHAPTER 03
일상에서의 선교

결단의 기도 PRAYER OF COMMITMENT

주님, 복음은 내가 살아가는 일상 속에서
먼저 증거되어야 함을 고백합니다.
삶의 작은 행동을 통해
하나님의 사랑과 정의가 드러나게 하소서.
말보다 삶으로 복음을 전하며,
오늘 하루를 선교사로 살아가게 하소서.
우리 공동체가 '배운 대로 사는 삶'을 살아가는
공동체교회가 되게 하소서.
예수님의 이름으로 기도합니다. 아멘.

RE_VIVE CHURCH

살아내는 복음 2 PART

Chapter 4 선교적 교회의 실천적 영성
영성은 삶에서 드러납니다

Chapter 5 선교적 교회의 심장, 예배
예배는 월요일을 움직입니다

Chapter 6 선교적 교회의 엔진, 제자도
제자는 말씀을 따르는 사람입니다

Chapter **4**
선교적 교회의 실천적 영성

RE_VIVE

Q

신앙생활은
주일만의 일이
아니라는 걸 느낄 때가 있나요?

Chapter ● 04

선교적 교회의 실천적 영성

영성은 삶에서 드러납니다

지난 챕터에서 우리는 선교지와 선교사에 대한 새로운 이해를 갖기 위해 시간을 가졌습니다.

요약하면, 선교는 특별한 소명을 받은 소수의 사역이 아니라 예수를 주로 고백하는 모든 그리스도인의 사명이며, 그 선교는 지금 우리가 살고 있는 이곳에서부터 이뤄져야 한다는 내용이었습니다.

물론, 이것은 전혀 새로운 이야기가 아닙니다. 교회를 오래 다닌 사람이라면 누구나 상식적으로 알 만한 주장입니다. 그렇지만 선교를 나의 이야기로 받아들이고 나의 삶 가운데서 실행하는 일은 아쉽게도 현실에선 잘 발생하지 않습니다.

다음 그림을 봅니다.

예배를 인도하기 위해 강단에 서 있는 목사님의 표정이 난감합니다. 성도들이 각자 원하는 메시지를 적은 표지판을 들고 목사님을 응시하고 있기 때문입니다. 표지판에 쓰여 있는 내용은 다음과 같은 것들입니다.

"지옥에 대해 말하지 마세요. 불편합니다."
"죄를 나쁜 선택이라고 말해 주세요."
"하나님이 나를 얼마나 축복하고 싶어 하시는지 말해 주세요."
"내 아이들을 위한 충분한 프로그램이 있는지 확인해 주세요."
"내가 매주 얼마나 많은 헌금을 내고 있는지 기억하세요."

물론 이것은 현대 교회와 신앙인들의 모습을 풍자한 그림에 불과합니다. 그러나 가만히 생각해 보면 우리 내면 가운데 이런 바람이 없는 것도 아닙니다.

언제부턴가 우리는 많은 성도가 모이는 교회, 훌륭한 건물과 시설, 좋은 프로그램과 서비스가 제공되는 교회를 추구하게 되었습니다. 십자가 복음보다 부드럽고 듣기 좋은 편안한 메시지, 지친 삶을 위로해 주고 격려하며 성공을 약속하는 메시지에 열광합니다.

많은 교회가 더 큰 건물, 더 편리한 시설, 더 많은 프로그램을 통해 사람을 끌어 모으려는 유혹에 빠지기도 합니다. 복음을 거부하는 것은 아닙니다. 이런 것들이 필요 없다는 것도 아닙니다. 그러나 비본질적인 것에 의해 진짜 복음이 가려진다면, 이것은 문제입니다.

2차 세계대전 당시 독일의 신학자와 목회자로 히틀러를 향해 반 나치 운동을 펼치다 교수형을 당했던 본회퍼 목사 Dietrich Bonhoeffer는 교회의 '값싼 은혜Cheap grace'에 대해 비판했습니다. 그는 '회개 없이 죄를 용서하는 설교와 공동체 훈련 없이 베푸는 세례, 죄의 고백 없이 참여하는 성만찬과 인격적인 회개 없는 면죄의 확인'은 값싼 은혜이며 진정한 제자도가 아니라고 말합니다.

진정한 제자도는 십자가를 기반으로 합니다. 예수를 따르는 제자들은 혜택 대신 감당해야 할 대가 The Cost of Discipleship를 치릅니다. 제자들은 예수께서 가신 길을 걷고 그가 남긴 고난에 참여하는 것을 주저하지 않습니다.

세상적 관점에서는 결코 유익하지 않은 십자가, 고통, 희생, 포기, 아픔 등이 제자들에게 남겨 있습니다. 그러나 이 길을 걷는 자들은 값싼 은혜가 아닌 예수의 '값비싼 은혜Costly grace'로 인해 그를 따라갑니다.

여기서 말하는 '값비싼 은혜'는 단순히 귀한 것이 아니라, 실제로 대가를 치르고 순종해야만 누릴 수 있는 은혜입니다. 이러한 삶은 세상의 관점에선 결코 이해할 수 없습니다. 해석이 되질 않습니다. 하늘의 가치가 그리스도인을 하나님 나라의 통치로 이끕니다. 주님께서 가르쳐 주신 '이 땅에서 이뤄지는 하나님 나라'를 경험하며 살게 되는 것입니다.

순전한 기독교와 복음

세속화의 강한 그림자는 교회의 영성을 변질시킵니다. 그 영성은 '이 모든 것들과 더불어 천국도 함께 주소서!'라는 말과 함께 겹쳐집니다. 예수를 포기한 것은 아닙니다. 영적인 은혜를 사모하지 않는 것도 아닙니다. 그러나 순전한 복음이 되기엔 여러 불순물이 섞여 있는 것도 사실입니다.

20세기를 대표하는 기독교 변증가이자 작가인 C. S. 루이스Clive Staples Lewis는 그의 저서 『순전한 기독교Mere Christianity』에서 우리 신앙의 가장 본질적이고 핵심적인 내용을 명확하고 간결하게 풀어냅니다. 그는 우리가 누구이며, 무엇을 믿고, 어떻게 행동하는가, 그리고 그 중심에 계시는 삼위일체 하나님에 대한 신비와 믿음을 쉽고 명확하게 가르쳐 줍니다. 그 내용을 단순화시키면 다음과 같습니다.

- 첫 번째, 우리는 신의 존재와 창조를 믿습니다. 이 세상과 인간은 우연한 존재가 아니라 하나님의 창조 계획의 결과임을 믿습니다. 우리 안에 있는 도덕적 법칙과 인간의 양심이 이를 증명합니다.
- 두 번째, 인간의 타락입니다. 하나님에 의해 선하게 창조된 인간은 자유의지를 사용해 죄를 짓고 타락했습니다. 죄로 인한 고통과 영원히 죽을 수밖에 없는 운명을 맞이하지만, 이 문제는 인간 스스로 해결할 수 없습니다.
- 세 번째, 예수 그리스도의 성육신과 구속입니다. 기독교 복음의 중심 메시지는 바로 예수의 성육신과 십자가 죽음, 그리고 부활에서 정점을 이룹니다. 하나님의 아들이신 예수께서 인간의 죄를 대신하여 죽으심으로 그들을 구속하셨고 그의 자녀가 되는 새로운 관계를 회복시키셨습니다.
- 네 번째, 구원을 이루기 위해 인간은 예수 그리스도를 믿고 그를 따르는 삶을 살아야 합니다. 이것은 단지 도덕적 차원을 넘어 성령으로 인한 새로운 존재됨에 기반한 삶입니다.
- 다섯 번째, 구원받은 인간의 새로운 삶입니다. 이것은 단지 신념의 문제에 넘어 실제 삶의 변화와 직결됩니다. 진정으로 구원받은 사람은 하나님 나라의 가치와 질서에 의해 살아갑니다. 그의 삶은 이전과 다릅니다. 예수 그리스도를 본받아 그리스도와 같은 꿈을 꾸고 같은 길을 걸어갑니다. 그가 우리에게 주신 남은 과업을 자기 삶의

목적으로 삼고 그것을 이뤄가기 위해 삽니다. 여기서 제자의 삶이 형성됩니다.

교회는 그리스도로 구속 받은 사람들의 공동체입니다. 또한 그리스도로 인해 살고 그리스도로 인해 죽는 신앙 공동체입니다빌 1:21; 롬 6:8; 갈 2:20. 그들은 모일 때마다 하나님을 예배하고, 말씀을 배우며, 배운 말씀을 삶 속에서 살아내기 위해 힘씁니다. 그것이 교회입니다.

선교적 교회의 영성은 그렇게 형성됩니다. 개인의 삶에 예수의 향기와 유산이 배어 있기에, 그 향기와 유산을 지닌 사람들이 모일 때 그 열기는 더욱 가열됩니다.

그렇다면, 선교적 활동은 어떻게 이뤄집니까? 움직이기 싫어하는 사람들에게 임무를 부여해 억지로 감당시키는 것이 아니라 예수님의 심장을 가진 사람들이 자발적으로 자원하여 자신의 사역을 찾고 참여합니다. 그것이 순전한 교회의 모습입니다.

물론 이런 질문이 생길 수 있습니다. 너무 이상적인 모습은 아닐까? 현대 교회의 현실과 너무 동떨어진 것은 아닐까? 실제로 그런 생각이 들 수 있습니다. 우리가 경험하는 실제 교회는 완전히 헌신된 사람들만 모인 공동체가 아닙니다. 그 안에는 초신자도 있고, 아직 믿지 않는 사람도 있습니다. 인격적으로 훌륭한 이도 있고 그렇지 못한 이들도 있습니다. 예수 그리스도를 만나 헌신된 성도들도 있고 여전히 세상의 영향과 미련 앞에 결단을 내리지 못한 이들도 있습니다.

그렇기 때문에 교회의 현실은 혼란스럽고 복잡할 수 있습니다. 그리고 우리는 그러한 교회를 추구합니다. 교회가 거룩한 신부들만을 위한 외딴 섬이 아니라 세상과 소통하고 세상과 함께하면서 세상을 변화시키는 일을 하고 싶은 것이 선교적 교회의 비전입니다.

문제는 교회의 중심과 방향성입니다. 다음 그림을 봅니다.

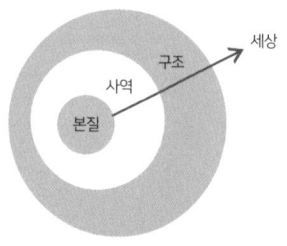

선교적 교회의 방향성과 구조

순전한 교회는 복음의 본질에 기초해 사역이 형성되고, 사명을 위한 조직과 구조를 지닙니다. 존재론적 목적과 방향이 하나님 나라와 직결되어 있습니다. 모든 교회는 세상을 구원하기 위한 하나님의 부르심에 응답함으로 그 역사에 일원이 됩니다. 하나님 나라와 선교를 위한 목적이 분명하기에 사역과 구조 또한 단순합니다.

선교적 교회 모델을 깊이 연구하면서 발견한 점이 이것이었습니다. 특별히 북미 지역의 선교적 교회들은 매우 창의적이고 독특합니다. 이해가 되는 것이, 거대한 미 대륙의 땅에 거하는 수많은 인종을 생각할 때, 그들을 복음화하기 위한 하나의 획일적 방식은 불가능합니다. 교회들은 복음을 전하려는 대상에 맞는 전략을 짜고 접근합니다.

예를 들어, 도시의 예술가들을 대상으로 하는 공동체는 창작과 스토리텔링을 통해 복음을 전하고, 이민자 밀집 지역의 교회는 다국어 예배와 이웃 돌봄 사역을 중심으로 선교적 삶을 실현합니다. 예배에 익숙하지 않은 지역 주민들을 초청해 식사와 교제, 예배를 함께 나누는 디너 교회 Dinner Church를 운영하는 사례도 있습니다. 또 어떤 공동체는 게임 커뮤니티에 익숙한 청년들을 위한 모임이나, 랩 문화와 연결된 창의적 예배 형식을 통해 소통하며 복음을 전합니다. 워싱턴 D.C.의 내셔널 커뮤니티 교회 National Community Church는 커피하우스, 극장, 커뮤니티 센터 등 일상 공간을 복합적으로 활용하여 다양한 문화권의 이웃들과 자연스럽게 관계를 맺고 선교적 공동체를 실현하고 있습니다.

이렇게 상황화된 사역을 모아 보니 그 속에 새롭고 다채로운 교회의 모습이 보입니다. 이러한 다양성 속에서도 선교적 교회들은 같은 기반과 방향성을 가집니다. 하나님 나라 복음에 기반해 세상을 구원하기 위한 선교적 DNA가 그들 가운데 가득 차 있습니다.

물론, 그 반대의 경우도 많습니다.

다음의 그림을 보면 어떤 생각이 드십니까?

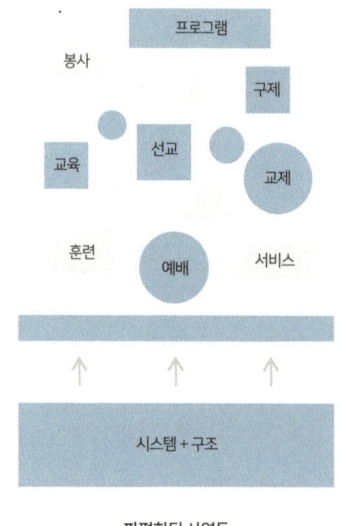

파편화된 사역들

교회 내에 여러 사역이 있습니다. 물론, 예배, 훈련, 교제, 교육, 봉사, 선교, 구제 등은 대부분의 교회에서 공통적으로 강조하고 실시하는 일들입니다. 문제는 이러한 사역이 하나님 나라와 선교를 위해 연결되지 않고 따로 존재할 때 발생합니다.

노력하지 않는 교회는 없습니다. 그러나 선교적 비전과 부르심에 사역이 정렬되지 못했을 때 교회는 힘을 잃습니다. 게다가 이 모든 사역이 하나님 나라가 아닌 인간적 필요와 요구에 맞춰져 있다면, 교회는 점점 더 순전한 교회의 모습으로부터 멀어질 수밖에 없습니다.

교회 부흥을 위해 무엇을 바꾸고 더해야 할 것인가 보다 더 중요한 것은 교회의 본질 회복을 위해 무엇을 버리고 내려놓을 것인가를 고민해야 합니다.

소비주의 영성 vs 선교적 영성

이 부분에서 고민해야 할 것이 바로 소비주의적 영성입니다. 소비주의는 20세기 이후 서구 사회의 가장 대표적인 모습입니다. 소비주의는 '사람은 살기 위해 소비하지 않는다. 소비하기 위해 산다'는 슬로건을 내겁니다.

과학과 기술이 발전하면서 인간의 탐욕과 소유욕을 채울 수 있는 수단이 다양해졌습니다. 물론 소유하고 누리는 것 자체를 비판할 수는 없습니다. 그러나 소비를 통해 끝없는 만족을 추구하려는 성향이 문제입니다. 이 시대 사람들은 소유를 통해 자신을 과시하고, 브랜드를 통해 자기 정체성을 규정합니다. 남들보다 더 많이 소유하고, 더 많은 소비를 할 수 있을 때 상대적 만족감을 느끼는 사회가 되어버렸습니다.

스카이 제서니Skye Jethani는 기독교 역시 소비주의에 편승했다고 주장합니다. 그 결과 교회는 본질을 잃고 감각적인 신앙으로 심하게 변질됩니다. 사람들은 개인의 필요를 위해 신앙을 택하고, 자기만족을 위해 교회를 다닙니다. 교회 역시 이미지와 브랜드를 통해 사람들을 끌어오려는 노력을 기울입니다.

그렇게 교회의 우선순위는 바뀌게 됩니다. 사람의 필요를 충족시키는 것이 우선이 되고 신앙 상품을 공급하며 경쟁에 이기려는 욕망이 자연스러워진 교회는, 소비주의에 물든 전형적인 교회의 모습입니다.

선교적 영성

선교적 영성을 이해하기 위해서는 먼저 영성이 무엇인가에 대한 바른 이해가 필요합니다. 대부분의 경우, 혹은 대부분의 사람들은 영성을 삶의 현장을 떠나 발생하는 특별한 영적 경험과 연결해 생각합니다. 영성이 깊을수록 세상과 관계없이 사는 것으로 오해하기도 합니다. 그러나 진정한 영성은 영적 영역뿐 아니라 생활의 영역도 이끄는 힘이 있습니다.

브래들리 한손Bradley Hanson은 영성을 '본질과 목적에 대한 확신에 따라 사는 개인이나 공동체의 삶의 스타일'이라고 정의했습니다. 사람은 자신의 내면에 채워져 있는 것에 의해 삶이 결정됩니다. 따라서 내 안에 무엇이 채워져 있는지가 중요합니다. 그것이 소비주의 영성일 수도 있고 이원론적이며 탈육신적이고 추상적인 영성일 수도 있습니다. 참된 영성은 하나님과의 관계를 통해 성령님께서 이끌어 가시는 영성입니다.

그리스도인은 하나님과의 관계를 통해 자신의 존재됨과 삶이 형성됩니다. 하나님을 깊이 만나고 성령이 내 안에 가득 차게 되면, 내 삶은 하나님의 영에 의해 이끌려 살게 됩니다. 성령을 체험한 사람은 거짓을 말할 수 없고, 악을 행할 수 없는 것과 같은 원리입니다.

그렇다면 선교적 영성은 무엇입니까? 선교적 영성이란 하나님의 임재와 친밀감을 통해 하나님의 뜻을 발견하고 세상의 구속을 위해 하나님의 선교에 참여하는 삶이라고 말할 수 있습니다. 내 안에 무엇이 채워져 있는가가 나를 규정하고 이끌어 간다는 측면에서, 하나님의 선교적 영이 나와 우리 교회 공동체에 채워진다면 선교는 자연스러운 라이프스타일이 됩니다.

그리스도인으로서 우리는 정기적인 예배와 기도, 말씀 묵상을 합니다. 때로 금식도 하고 다양한 훈련 가운데 자신을 노출시킵니다. 이 모든 행위를 하는 이유는 무엇 때문입니까? 바로 하나님과의 친밀감을 갖기 위해서 입니다. 하나님을 더 깊이 알고 체험해 내 삶의 주인이 하나님이 되시길 사모하기 때문입니다. 우리는 하나님과 깊은 관계가 그리스도인의 삶을 풍성하게 만들고, 가장 가치 있는 삶으로 이끈다는 것을 믿습니다. 하나님을 아는 만큼, 그분의 영이 채워지는 만큼 선교적 삶은 깊어집니다.

하나님의 영으로 충만한 사람은 하나님과의 사랑 안에 머무는 동시에, 그 사랑으로 세상을 품고 살아갑니다. 예수 그리스도께서 하나님과 사람 사이를 잇는 다리가 되셨듯, 우리 역시 이 땅에서 하나님의 사랑을 드러내는 삶의 통로가 됩니다. 세상을 외면하지 않고 그 안에 담긴 하나님의 뜻을 바라보며, 구속의 역사에 동참합니다. 그리스도인으로서의 정체성은 이 세상 속에서 어떻게 존재하고 살아가느냐에 달려 있습니다. 세상에서 나그네와 거류민 같이 구별된 존재로, 그러나 이 세상의 변화와 구원을 위해 살아가는 완벽한 이중 국적을 가진 성도가 됩니다. 그래서 데이비드 보쉬는 선교적 영성은 세상과 동떨어진 '수도원적 영성'이 아니라 도상에 있는 '길 위의 영성'이라고 말했습니다.

선교적 영성은 탈육신적이거나 추상적이지 않습니다. 진정한 영성은 실천과 연결됩니다. 예수님은 "네 마음을 다하고 목숨을 다하고 뜻을 다하여 주 너의 하나님을 사랑하라"마 22:37 또한 "네 이웃을 네 자신과 같이 사랑하라 하신 것이라"마 22:39고 말씀하셨습니다. 이 말씀을 마태복음 28장 18절에서 20절에 기록된 선교 대사명과 짝을 이뤄 생각해 보면 어떻습니까?

> "예수께서 나아와 말씀하여 이르시되 하늘과 땅의 모든 권세를 내게 주셨으니 그러므로 너희는 가서 모든 민족을 제자로 삼아 아버지와 아들과 성령의 이름으로 세례를 베풀고 내가 너희에게 분부한 모든 것을 가르쳐

지키게 하라 볼지어다 내가 세상 끝날까지 너희와 항상 함께 있으리라 하시니라" _마태복음 28:18-20

하나님을 사랑하는 자는 거기서 머물지 않고 자신을 사랑하고 이웃을 사랑하는 데까지 삶의 범위가 확장됩니다. 그 사랑이 선교의 원천과 방법이 됩니다. 하나님의 무조건적인 사랑으로 자격 없는 자가 새 생명을 얻었습니다. 그 사랑을 경험한 사람은 같은 방식으로 타인에게 손을 내밉니다. 예수께서 자기 전부를 던져 자기 사랑을 증명하신 것처럼, 하나님의 사랑을 입은 사람들은 그분이 보여 주신 방식대로 사랑을 베풉니다. 구체적인 행위를 통해 사랑이 전달되는 것입니다.

그래서 선교적 영성은 한 곳에 고여 있거나 머물지 않습니다. 존재 자체로 드러나는 사랑과 구체적 섬김을 통해 그리스도의 복음을 전합니다. 구스타프 베르너Gustav Albert Werner는 "행동이 되지 않는 것은 어떤 가치도 없다"라고 말했습니다. 참된 기독교 영성은 삶을 통해 복음을 증거하는 선교적 여정입니다.

하루를 살아내는 방식이 곧 **복음**입니다.

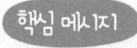 **KEY MESSAGE**

실천적 영성은 하나님과의 깊은 관계가 삶의 실천으로 이어지는 영적 태도입니다. 진정한 영성은 기도와 말씀 속에서 시작되지만, 이웃과의 관계, 행동, 선택에서 드러납니다. 교회는 실천적 영성을 통해 세상을 섬기고, 하나님의 뜻을 삶으로 드러내야 합니다.

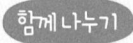 **SHARING TOGETHER**

 생각 열기 START THINKING

- '실천적 영성'이라는 말을 들을 때 떠오르는 장면이나 이미지는 무엇인가요?

- 여러분이 경험한 '영성이 삶에 드러났던 순간'은 언제였나요?

CHAPTER 04
선교적 교회의 실천적 영성

삶과 연결 RELATE TO LIFE

- 기도, 말씀 묵상, 혹은 섬김의 실천이 삶의 태도나 선택에 영향을 준 경험이 있나요?

- 최근 내 일상에서 가장 중요하게 붙들고 있는 신앙의 실천은 무엇인가요?

함께 고민하기 GO DEEPER

- 교회가 '실천적 영성'을 잃게 된다면, 어떤 모습으로 변할 수 있다고 생각하나요?

- 신앙이 마음에만 머무르지 않고 실제 삶으로 이어지기 위해 무엇이 필요할까요?

- 우리 소그룹이 실천적 영성을 함께 살아내기 위해 도전해 볼 수 있는 구체적인 실천은 무엇이 있을까요?

Sharing Time
RE_VIVE CHURCH

실천챌린지 WEEKLY CHALLENGE

개인 실천 PERSONAL PRACTICE

- 각자의 삶의 자리에서 믿음의 실천을 방해하는 장애물이나 습관을 찾아 기록해 보세요.

- 깊은 영성이 삶의 변화를 이끕니다. 더 깊은 영성을 위해 필요한 영적 실천을 정하고, 한 주간 실제로 살아내 봅시다.

공동체 실천 COMMUNITY PRACTICE

- 복음 중심의 영성을 회복하기 위해 함께 실천할 수 있는 영적 훈련을 찾아 구체적으로 정해 봅시다. 예 : 주중 공동체 성경읽기, 함께 기도하기 등

- 다음 모임에서 공동체적 영성 훈련이 개인의 삶에 어떤 변화를 가져왔는지 함께 나누어 봅시다.

CHAPTER 04

선교적 교회의 실천적 영성

결단의 기도 PRAYER OF COMMITMENT

하나님, 믿음을 삶으로 살아내는

제자의 길로 우리를 부르신 것에 감사드립니다.

말뿐인 신앙이 아니라,

행동하는 영성으로 세상을 섬기게 하소서.

우리의 실천 속에 예수님의 사랑이 드러나게 하시고,

작은 순종들이 모여 세상을 바꾸는

하나님의 역사가 이루어지게 하소서.

예수님의 이름으로 기도드립니다. 아멘.

Chapter 5
선교적 교회의 심장, 예배

Q

예배당 문을 나선 이후,
예배는 계속되고 있나요?

Chapter ● 05

선교적 교회의 심장, 예배

예배는 월요일을 움직입니다

세상으로 파송되는 예배

일주일이 시작되는 첫날, 이른 아침입니다. 성도들이 예배를 드리기 위해 가정집에 모였습니다. 그들은 마치 한 가족처럼 반갑게 인사를 나누며 서로를 맞이합니다. 그런데 그 모습은 당시로서는 매우 파격적이었습니다. 남성과 여성이 함께하고, 주인과 노예가 한 식탁을 나누는 모습은 1세기 시대상으로는 상상조차 할 수 없는 일이었습니다.

그러나 이보다 더 놀라운 것은 그들이 사랑으로 연결되어 있다는 점이었습니다. 그들 가운데 예수님이 함께 계셨기 때문입니다.

이들의 예배는 애찬식으로 시작되었습니다. 식사 전, 누군가가 포도주 잔을 들고 예수 그리스도가 메시아이심을 고백하며 기도하면, 회중은 "주께 영원무궁토록 영광을 돌리나이다"라고 화답합니다. 이어서 떡을 들고 기도한 후 음식을 나누며 성도의 가족 됨과 사랑을 나눴습니다.

식사 후에는 회중 중 한 사람이 시편 찬송을 부릅니다. 글을 읽을 줄 아는 사람이 예수님에 대한 글을 읽고 그분에 대한 이야기를 들려줍니다. 성경을 읽고 서로 토론하거나, 방문한 사도가 예수님에 대해 증언하고 가르침을 주기도 합니다.

누군가 마침 기도를 드리면, 회중은 함께 "마라나타 주여 오시옵소서"를 외치며 모임을 마무리합니다. 그리고 이들을 파송합니다.

"자, 이제 끝났으니 세상으로 가십시오. 이제 세상에서의 예배가 시작되었습니다."

초대교회의 예배는 예수님의 부활을 먹고 마신 사람들이 주님을 위해 세상으로 보냄 받으며 마무리되었습니다.

초대교회 예배의 특징

초대교회 성도들은 함께 모여 예배 드리며 찬양하고, 가르침을 나누고, 토론하며 성찬을 나누었습니다. 프랭크 바이올라Frank Viola와 조지 바나George Barna의 표현대로, 초대교회의 모임은 모든 지체가 기능을 발휘하며 자발적이고 자유롭고 역동적인 동시에 누구나 참여할 수 있는 열린 특징을 지니고 있었습니다.

초대교회의 예배는 지역과 상황에 따라 다양한 형태를 띠었고, 종종 예측할 수 없는 역동성과 다양성을 지니고 있었습니다. 반면 현대 교회의 예배는 예측 가능하고 획일화된 경향이 강합니다. 여기서 주목해야 할 또 하나의 특징은 이 모임에 깃든 공동체성입니다. 당시 사회는 계급, 계층, 인종, 지위에 의해 극명하게 구분되었지만, 초대교회 공동체는 이러한 모든 경계를 허물고 통합하는 특징을 보여 주었습니다.

이러한 배경에서 사도 바울은 고린도 교회의 불공정과 차별을 지적하며 강력히 비판했습니다. 사회적 지위가 높은 자들이 먼저 음식을 먹고, 남은 것을 종들과 가난한 자들에게 주는 모습은 바울에게 분노를 일으켰습니다고전 11:22.

엘리트 중심의 예배는 모든 이를 위한 샬롬과 정의를 이루시는 '하나님의 선교'를 방해하며, 정의와 평화, 기쁨을 가져오는 하나님의 통치에 참여하는 공동체를 무너뜨리는 행위로 여겨졌습니다. 그런 맥락에서 주님의 식사는 '다른 부류의 그리스도인들과 벽을 허무는 상징적 의미'를 지녔습니다. 유대인과 헬라인^{갈 2장}, 부유층과 빈곤층^{고전 11장}의 장벽이 이 자리에서 허물어졌습니다. 바울은 그리스도의 피와 몸을 나누는 이 현장이 하나님의 구속의 정의가 모든 사람에게 확장되며, 모든 이가 평등하게 연합되는 자리로 이어지기를 소망했습니다.

이렇듯 초대교회의 예배는 모든 사람이 동참하고, 평등과 정의가 드러나는 축제의 장이었습니다. 테이블을 나누는 예배 속에서 수직적 관계뿐만 아니라 수평적 관계도 온전해졌습니다. 그리스도의 임재 안에서 찬양과 성경 읽기, 참된 가르침, 예언과 계시가 공동체 안에서 아름답게 드러났습니다.

다양한 사람들이 참여하는 예배Multi-voiced worship를 통해 신앙 공동체는 세워지고, 복음은 회중을 새롭게 하는 역사를 일으켰습니다. 성령님은 이러한 모임을 통해 증인됨의 사역을 이루셨습니다. 예배에는 외부자와 비신자도 함께하며 성도들의 공동체적 예배를 통해 하나님의 통치를 경험했습니다. 식탁 교제에서 드러난 성령의 역사로 그들은 감동받고, 하나님의 살아계심과 은혜를 체험했습니다^{고전 14:24-25}.

세상에서 약하고 차별 받던 사람들, 절망과 고통 속에 있던 사람들, 병들고 상처 입은 이들이 예배를 통해 치유되고 온전함을 경험했습니다.

하나님의 임재 속에서 그들은 "하나님이 참으로 너희 가운데 계신다"는 고백을 하기에 이르렀습니다. 초대교회의 예배는 선교와 예배가 하나로 연결되는 사건을 드러냈습니다.

이것이 초대교회의 예배였습니다. 형식과 의식을 초월하는 힘이 있었고, 하나님의 샬롬과 정의를 실현하는 현장이며, 하나 됨과 자유를 가시화하는 능력이 있었습니다.

선교적 예배

선교적 예배는 교회의 영성을 채우고 형성하는 가장 강력한 통로입니다. 마치 튼튼한 심장이 생명의 원천이 되는 것처럼, 선교적 교회로서 건강한 사역을 실천하는 교회들은 하나같이 역동적이며 살아 있는 예배를 드립니다. 그런 의미에서 선교적 예배는 선교적 교회의 심장과 같습니다.

그러나 안타깝게도 많은 교회가 형식과 제의에 묶여 예배의 역동성을 점차 상실해 가는 모습을 봅니다. 예배의 본질을 붙잡되, 살아 있는 예배를 회복하고, 그 예배가 선교적 영성을 고취하기 위해 우리는 진지하게 고민해야 합니다.

생명력 있는 선교적 예배를 위해 회복되어야 할 과제와 이에 맞는 새로운 패러다임은 무엇일까요?

예배의 정의

먼저 예배의 정의를 재확인 해야 합니다. 로버트 웨버Robert E. Webber는 "예배란 예수 그리스도 안에 있는 하나님의 구속 행위를 경축하는 것"이라고 정의했습니다. 마르바 던Marva J. Dawn은 "진정한 예배는 하나님을 높이는 단 하나의 목적을 위해 하나님의 무한한 광휘에 완전히 잠기는 것"이라고 말했습니다. 마르틴 루터Martin Luther는 개신교 예배의 이중적 의미를 강조하며 "진정한 예배는 하나님의 계시와 인간의 응답의 과정"이라고 설명했습니다. 존 칼빈John Calvin은 "교회의 모든 의식과 예배가 가지는 궁극적인 목적은 하나님과의 연합에 있다"고 정의했습니다.

이 다양한 정의 가운데 공통적으로 드러나는 예배의 의미는 다음과 같습니다. 진정한 예배는 연약한 인간이 하나님의 은혜에 감격하여 그분의 행하신 놀라운 일들을 높여 드리는 행위입니다. 이를 통해 하나님을 만나고 그와 연합하며, 그분의 임재 속으로 들어가는 것입니다. 그 임재 속에서 하나님의 마음을 알고 그분의 뜻을 행하는 삶으로 나아가는 것, 그것이 바로 예배의 의미입니다.

선교적 예배의 역학

참된 예배는 위로는 하나님을 향하고, 밖으로는 세상을 향하는 역동성을 지닙니다. 성경에는 이러한 이중적 메시지가 가득합니다. 예를 들어, 성도의 삶을 규정하는 십계명에는 하나님을 향한 계명과 이웃을 향한 계명이 함께 선포되어 있습니다 출 20:1-17. 예언자들의 사명도 영적 충성과 사회 정의라는 이중적 소명을 강조합니다 호 3:1-5; 사 1:12-17. 사도들이 행한 초월적 행위와 세상을 관통하는 선교적 열정 역시 이러한 패턴을 보여 줍니다.

예수님도 동일한 메시지를 주셨습니다. "네 마음을 다하고 목숨을 다하고 뜻을 다하여 주 너의 하나님을 사랑하라 하셨으니 이것이 크고 첫째 되는 계명이요 둘째도 그와 같으니 네 이웃을 네 자신 같이 사랑하라 하셨으니 이 두 계명이 온 율법과 선지자의 강령이니라" 마 22:37-40. 하나님 사랑이 예배의 핵심이라면, 이웃 사랑은 선교의 핵심입니다.

캐시 타운리Cathy Townley는 이와 같은 맥락에서 예배를 '하나님의 뜻이 하늘에서 이루어진 것같이 땅에서도 이루어지도록 우리의 삶이 매일 재조정되는 과정'이라고 보았습니다. 따라서 온전한 예배는 하나님을 경험하는 데에만 머물지 않습니다. 그의 백성은 예배를 통해 세상을 향한 하나님의 뜻을 발견하고, 그것을 이루는 삶을 살아가야 합니다.

필자는 이를 바탕으로 선교적 예배를 다음과 같이 정의합니다.

"선교적 예배는 세상을 향한 하나님의 마음을 품고, 일상 속에서 하나님의 선교에 동참하도록 성도를 이끈다. 하나님의 임재 안에서 드려지는 살아 있는 예배는 선교적 삶을 일으키고, 선교적 삶은 예배를 완성한다."

예배와 선교는 분리된 행위가 아니라, 밀접한 관계를 가진 역동적 실체입니다.

삶을 변혁하는 선교적 예배

마크 래버튼Mark Labberton은 『껍데기 예배는 가라The Dangerous Act of Worship』에서 "만일 우리가 예수 그리스도를 예배한다면, 우리는 예수 그리스도처럼 살아야 한다"고 주장합니다. 그러나 현실에서는 많은 사람이 소비 지향적 예배를 추구하고 있습니다. 하나님의 영광 대신 인간의 취향을 충족시키는 예배는 하나님의 나라에서 의와 정의를 잃어버리게 만듭니다.

참된 예배는 피조물이 거룩하고 영광스러운 하나님의 임재 가운데 들어가 그분을 경험하는 자리입니다. 그때 하나님은 회중의 삶 가운데 들어오셔서 그들의 삶을 변혁시키십니다. 예배를 통해 사람들은 새로운 피조물이 되어, 자신을 위해 살던 삶에서 하나님을 위한 삶으로, 자기중심적 삶에서 하나님 중심적 삶으로 변화됩니다.

래버튼은 교회가 예배에 대해 가지고 있는 잘못된 두려움을 다음과 같이 정리했습니다.

- 통제되지 않는 예배에 대한 두려움
- 문화적 연관성에 대한 두려움
- 기대에 미치지 못하는 예배에 대한 두려움
- 인기 없는 예배에 대한 두려움
- 편안하지 않은 예배에 대한 두려움
- 익숙하지 않은 예배에 대한 두려움

진정한 두려움은 하나님을 만나는 데에서 비롯됩니다. 하나님을 만나게 되면 우리가 정상적이라고 여겼던 모든 것이 재정의됩니다. 우선순위가 재조정되고, 가치관이 변화됩니다. 하나님의 임재가 있는 참된 예배는 회중에게 진실한 응답을 요구합니다. 회중은 몸과 마음과 영혼을 통해 그분의 영광에 참여하며 성령님의 변혁하는 능력을 경험합니다.

참된 예배는 개인과 공동체가 자신을 넘어 세상을 향한 하나님의 뜻을 붙잡게 하며, 그것을 이루고자 하는 열망을 불러일으킵니다. 하나님의 백성은 세상을 회복시키는 하나님의 선교에 동참하기 위해 세상 한복판으로 나아갑니다. 이러한 결단이 이루어지는 예배야말로 참된 예배의 특성이며, 선교적 예배의 기반입니다.

선교적 예배의 토대

선교적 예배는 성도 개인과 교회의 회심을 촉진하고 사명을 부여하는 근원입니다. 성도들은 예배를 통해 모이고, 그 모임 속에서 하나님을 경험하며, 그 경험을 바탕으로 하나님의 보내심에 응답하여 세상으로 나아갑니다. 이런 예배의 회복을 위해 다음과 같은 조정이 필요합니다.

예배의 기초 재조정하기

진정한 예배는 올바른 기초 위에서 세워질 때 가능해집니다. 콘스탄스 체리Constance M. Cherry는 예배의 기초를 다음과 같이 설명합니다.

> "그리스도의 사건이 예배를 이끈다. 왜냐하면, 예배의 목표는 예수 그리스도이며, 예배의 내용이 그분의 이야기이고, 예배를 통해 선포되는 말씀이 주요 구원자이신 그리스도의 복음이며, 성례전적 비준이 주님의 식탁에 역동적으로 참여하는 것이며, 예수 그리스도의 승리를 축하하는 것이기 때문이다."

이처럼 참된 예배는 하나님 안에서 그리스도 중심으로 이루어져야 합니다. 모든 예배는 그리스도의 우선성을 인식하고, 그리스도의 현존을 환영해야 합니다. 예수 그리스도는 우리의 예배를 중재하고 이끄시는 대제사장이십니다. 따라서 그의 백성은 세상을 향한 그리스도의 열정을 받아들이고, 그 열정에 순종하며 참여하는 단계로 나아가야 합니다.

삶의 자리로 이어지는 예배

참된 예배는 단순히 모임으로 끝나는 것이 아니라, 사건으로 이어집니다. 예배 가운데 임재하신 하나님의 거룩함을 경험하며, 회중은 자신의 실존을 깨닫고 자비와 은총을 누립니다.

> "화로다 나여 망하게 되었도다 나는 입술이 부정한 사람이요 나는 입술이 부정한 백성 중에 거주하면서 만군의 여호와이신 왕을 뵈었음이로다 하였더라" _이사야 6:5

이사야는 하나님 앞에서 자신의 부정함을 고백했으며, 하나님은 그를 회복시키셨습니다.

> "네 악이 제하여졌고 네 죄가 사하여졌느니라" _이사야 6:7

하나님께서는 예배 가운데 그의 백성을 만나주시고, 그들의 상처를 치유하시며, 참된 기쁨을 허락하십니다.

예배는 그 자체로 끝나지 않습니다. 예배에서 새롭게 된 성도들은 다시 세상으로 보내져 삶의 자리에서 하나님을 예배해야 합니다.

변화산상에서 그리스도의 영광을 경험했던 베드로의 이야기는 이 점을 잘 보여 줍니다.

> "엿새 후에 예수께서 베드로와 야고보와 그 형제 요한을 데리시고 따로 높은 산에 올라가셨더니 그들 앞에서 변형되사 그 얼굴이 해 같이 빛나며 옷이 빛과 같이 희어졌더라 그 때에 모세와 엘리야가 예수와 더불어 말하는 것이 그들에게 보이거늘 베드로가 예수께 여쭈어 이르되 주여 우리가 여기 있는 것이 좋사오니 만일 주께서 원하시면 내가 여기서 초막 셋을 짓되 하나는 주님을 위하여, 하나는 모세를 위하여, 하나는 엘리야를 위하여 하리이다 말할 때에 홀연히 빛난 구름이 그들을 덮으며 구름 속에서 소리가 나서 이르시되 이는 내 사랑하는 아들이요 내 기뻐하는 자니 너희는 그의 말을 들으라 하시는지라 제자들이 듣고 엎드려 심히 두려워하니 예수께서 나아와 그들에게 손을 대시며 이르시되 일어나라 두려워하지 말라 하시니 제자들이 눈을 들고 보매 오직 예수 외에는 아무도 보이지 아니하더라" _마태복음 17:1–8

베드로는 주님이 변화된 모습을 보며 황홀함에 빠졌으나, 예수님은 그를 산 아래로 내려가도록 명령하셨습니다.

이는 예배가 세상과 단절된 의식으로만 머무르지 않고, 세상 속에서도 지속되어야 한다는 주님의 뜻을 나타냅니다.

예배는 연속적이고 순환적인 특성을 가집니다. 세상에서 부름 받은 성도들이 모여 예배를 드릴 때, 하나님은 찢기고 상처받은 영혼들을 치유하시고 회복시키시며, 새로운 능력을 부여하십니다. 이후 하나님은 성도들을 세상으로 파송하십니다. 파송된 성도들은 세상 속에서 그리스도의 복음을 전파하고, 빛과 소금의 역할을 감당하며, 하나님의 통치를 가시화하는 사명을 수행합니다.

성도들이 세상 속에서 살아가는 삶은 언제나 순탄한 것만은 아닙니다. 그러나 예배는 이러한 현실 속에서도 그리스도인의 정체성을 유지하고, 하나님을 드러내는 삶을 살 수 있는 동기와 능력을 제공합니다. 성도들은 예배를 통해 힘을 얻고, 세상 속에서 선교적 삶을 살아가는 데 필요한 자원을 충전 받습니다.

이처럼 예배는 단순히 교회 안에서 드리는 행위로 끝나는 것이 아닙니다. 예배는 성도 개인과 공동체를 새롭게 하고, 그들을 세상 속으로 보내는 하나님의 선교적 도구입니다. 참된 예배는 하나님의 현존을 경험하고, 세상 속에서 하나님의 뜻을 이루기 위해 나아가는 선교적 삶의 출발점이 됩니다.

환대의 예배

일상에서 예배를 실천한다는 것은 우리의 삶 전반에서 하나님의 사랑과 정의를 실현하며 살아가는 것을 의미합니다. 이러한 실천적 예배의 중요한 축 중 하나가 바로 환대입니다. 환대는 타인을 하나님이 보내신 소중한 손님으로 받아들이고, 그들에게 사랑과 관심, 존중을 표현하는 행동입니다.

현대 사회는 개인주의와 소외감이 깊어지고 사람 간의 경계가 점점 더 강해지는 경향이 있습니다. 이러한 시대적 도전 속에서 환대의 예배는 하나님 나라의 사랑과 화평을 증언하는 강력한 실천이 될 수 있습니다.

환대의 의미

현대 사회에서 환대는 단순히 누군가를 집에 초대하는 것을 넘어섭니다. 환대는 모든 사람을 차별 없이 받아들이는 마음의 자세와 행동을 포함합니다. 환대는 포용성, 연결성, 희생과 배려라는 세 가지 실천적 요소를 통해 하나님의 사랑과 정의를 드러냅니다.

포용성은 인종, 계층, 성별, 배경에 관계없이 모든 사람을 존중하며 차별 없이 받아들이는 태도를 뜻합니다. 하나님이 창조하신 모든 사람을 존귀하게 여기고, 그들과 진정성 있는 관계를 맺으려는 마음에서 출발합니다. 연결성은 고립된 사람들을 공동체로 초대하고, 관계를 통해 소속감을 느끼게 하는 것을 의미합니다. 환대는 단순히 초대에 그치지 않고, 깊고 지속적인 관계 형성을 추구합니다. 희생과 배려는 자신의 자원과 시간을 기꺼이 나누어 타인을 섬기고, 그들의 필요를 채우는 사랑의 행동입니다.

환대의 실천

'교회 안에서의 환대'
교회는 새로운 사람들을 환영하고 그들이 쉽게 정착할 수 있도록 돕는 열린 공동체를 구성해야 합니다. 이를 위해 환대 팀을 조직하여 방문자와 새신자를 돌보며, 모든 성도가 예배와 사역에 동등하게 참여할 수 있는 기회를 제공합니다.

교회 내 위계질서를 허물고 가족 같은 분위기를 조성하여, 누구나 하나님 앞에서 평등하고 사랑받는 존재임을 느끼게 해야 합니다.

'지역사회에서의 환대'

지역사회에서는 노숙자, 이민자, 독거노인 등 소외된 이웃을 찾아가 그들의 필요를 채우며 구체적인 사역을 시작할 수 있습니다. 또한, 교회 공간을 지역 주민들이 활용할 수 있도록 열어, 교회와 지역사회를 연결하는 다리 역할을 감당해야 합니다.

'개인적 삶에서의 환대'

환대는 일상의 만남 속에서도 실현될 수 있습니다. 직장 동료, 학교 친구, 이웃과의 관계에서 따뜻한 관심과 배려를 표현하는 것은 하나님의 사랑을 전하는 구체적인 실천입니다. 타인의 이야기를 진심으로 경청하고 그들의 고통과 기쁨에 공감하는 가운데, 하나님의 사랑과 은혜를 드러낼 수 있습니다.

환대를 실천하기 위해서는 환대의 영성을 훈련하는 과정이 필요합니다. 이를 위해 기도를 통해 하나님께서 보내시는 사람들을 환대할 준비를 하고, 예수님께서 보여 주신 환대의 모습을 묵상하며 본받는 것이 중요합니다. 이러한 영적 준비는 우리의 삶과 공동체 안에서 환대를 더욱 풍성하게 만들어 줍니다.

이처럼 환대는 개인과 공동체를 하나로 묶는 강력한 연결 고리로서,

하나님 나라의 사랑과 정의를 세상 가운데 드러내는 구체적인 행동입니다. 환대의 예배는 하나님이 주시는 평화와 기쁨을 경험하게 하며, 우리의 삶을 변화시키고 세상 속에서 하나님의 증인으로 살아가게 합니다. 나아가 이러한 환대는 일상에서 실천하는 선교적 삶과 강력하게 연결되어, 우리의 삶 전체가 하나님 나라를 선포하는 통로가 되도록 이끕니다.

삶을 향해 파송되는 예배자

현대인들은 신비와 경이, 놀라움, 초월적인 것을 갈망합니다. 이러한 갈망 속에서 하나님을 경험하고 만나기 위해 행하는 모든 시도는 참으로 아름답고 값진 일입니다. 그러나 참된 예배를 드리기 위해서는 다시 성경으로 돌아가야 합니다. 초대교회의 원형을 기억하고 역사적 유산을 재발견하며, 다양한 전통과 형태의 예배를 통해 그 풍성함을 되찾아야 합니다.

예배는 고대와 현대가 만나는 지점을 통해 더욱 풍성해질 수 있습니다. 예배자들이 자신의 전부를 하나님께 드리고, 그분의 부르심에 온전히 반응할 수 있도록 문화적 통로를 활용해야 합니다. 은혜로 충만한 예배는 우리의 삶의 한 부분이 되어 예수 그리스도의 현존과 능력을 일상 속에서 증거하며, 하나님 나라를 향한 선교적 삶과 영성을 형성하는 토대가 됩니다.

오늘 우리의 예배는 어떠합니까? 하나님을 사랑하고 세상을 섬기는 선교적 예배자의 삶을 이루기 위해, 구체적인 실천방안과 사역을 찾아 세상 속으로 나아가는 예배자 되기를 소망합니다.

Sharing Time

예배는 일상을 깨우는 영적 심장입니다.

핵심 메시지 KEY MESSAGE

선교적 예배는 하나님의 임재 안에서 세상으로 나아가게 하는 교회의 영적 심장입니다. 예배는 하나님을 향한 경외와 이웃을 향한 사랑이 함께 흐르는 통합적 응답입니다. 참여와 환대, 회심과 파송이 일어나는 살아 있는 예배를 통해 교회는 복음을 삶으로 살아내는 공동체가 됩니다.

함께 나누기 SHARING TOGETHER

 생각 열기 START THINKING

- 예배가 단순한 의식이 아닌 '하나님을 만나는 시간'이라는 말에 얼마나 공감되나요?

- 나의 예배가 일상에 영향을 미쳤던 가장 최근의 순간은 언제인가요?

CHAPTER 05
선교적 교회의 심장, 예배

🎯 삶과 연결 RELATE TO LIFE

- '예배자의 삶'이란 어떤 모습이라고 생각하나요? 나는 그 삶을 어떻게 실천하고 있나요?

- 예배 후, 내 삶의 태도나 우선순위가 달라졌던 경험이 있다면 나눠 주세요.

🔍 함께 고민하기 GO DEEPER

- 선교적 예배가 '삶의 변화'와 '세상을 향한 파송'으로 이어지기 위해 교회는 어떤 역할을 감당해야 할까요?

- 우리 공동체가 주일 예배와 일상을 어떻게 더 자연스럽게 연결할 수 있을까요?

Sharing Time

 WEEKLY CHALLENGE

개인 실천 PERSONAL PRACTICE

- 이번 주, 하루의 시작 또는 끝에 '오늘 나는 예배자로 살았는가?'를 자문하고 짧게 기록해 보세요.

- 예배를 마친 뒤, 그 감동이 어떻게 행동으로 이어졌는지 일상에서 한 가지 실천해 보세요.

공동체 실천 COMMUNITY PRACTICE

- 예배자의 삶을 함께 살아가기 위한 공동체의 약속을 한 가지 정하고 실천해 봅시다.

- 다음 모임에서 그 실천을 돌아보며 느낀 점이나 배운 점을 자유롭게 나누어 봅시다.

CHAPTER 05

선교적 교회의 심장, 예배

결단의 기도 PRAYER OF COMMITMENT

하나님, 예배를 통해

우리 존재가 새로워지게 하시니 감사합니다.

우리의 예배가 주일에만 머물지 않고,

일상의 자리마다 하나님을 높이는 고백이 되게 하소서.

예배자의 정체성을 품고 세상 속으로 나아가,

하나님의 뜻을 드러내는 삶이 되게 하소서.

우리 소그룹이 함께 예배자의 길을 걸으며,

세상의 한복판에서 하나님의 영광을 전하게 하소서.

예수님의 이름으로 기도드립니다. 아멘.

Chapter **6**

선교적 교회의 엔진, 제자도

RE_VIVE

Q

당신이 따라가고 있는 건
예수님인가요? VS 익숙함인가요?

CHURCH

Chapter ● **06**

선교적 교회의 엔진, 제자도

제자는 말씀을 따르는 사람입니다

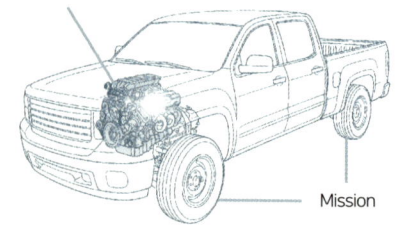

선교적 교회의 운명

교회의 선교적 사명을 이루기 위한 핵심은 제자도에 있습니다. 아무리 멋지고 훌륭한 외관을 가진 자동차라 할지라도 엔진이 없으면 껍데기에 불과한 것처럼, 선교적 교회를 움직이는 원동력은 제자도입니다.

북미 지역에서 선교적 교회 운동이 본격적인 궤도에 오를 때, 내부자 중 한 사람이었던 마이클 브린Michael Breen은 "왜 선교적 운동은 실패할 것인가?"라는 도발적 질문과 함께 폐부를 찔렀습니다. 그의 요점은 선교적 교회가 '보냄'에 대한 강조는 있지만 세상 한복판에서 치열한 전투를 해야 하는 성도들에 대한 훈련이 전무한 현실을 고발했습니다. 오늘날 한국에서 일고 있는 선교적 교회 운동 역시 이 부분에서 고민이 깊어집니다. 사람들은 선교적 교회를 특정 활동과 연결해 생각하는 경향이 강합니다. 물론 활동은 중요합니다. 그러나 선교적 교회를 활동 자체로 규정한다면, 선교는 또다시 교회의 여러 프로그램 중 하나가 될 확률이 높습니다. 결국은 성과로 운명이 결정될 것입니다.

이미 언급한 것처럼, 선교적 교회의 사역은 교회 구성원들에 의해 형성됩니다. 교회에 속한 성도들의 자원과 선교적 비전이 만나는 지점에서 사역은 발견됩니다. 큰 교회는 많은 성도와 다양한 자원이 있습니다. 상대적으로 작은 교회는 적은 성도와 제한된 자원이 있습니다. 그러나 선교적 사명은 크기에 제한 받지 않습니다. 단 한 명의 성도가 있어도 그 안

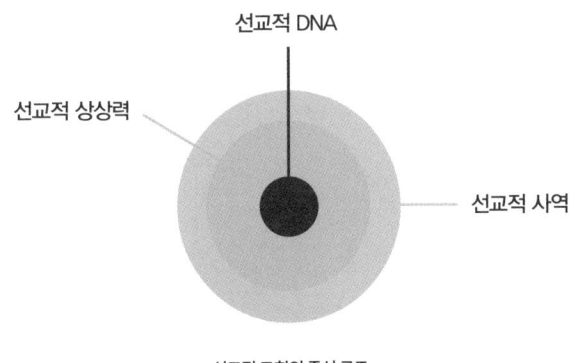

선교적 교회의 중심 구조

에 선교적 DNA가 심겨 있다면, 그 사람을 통해 이룰 비전과 사역은 존재할 것입니다. 모든 교회는 하나 이상의 다양한 자원이 있습니다. 그래서 순서가 중요합니다. What^{사역}을 우선시하는 교회가 아니라 Who^{사람}와 Why^{부르심과 선교적 DNA}가 분명할 때, 선교적 상상력이 발휘될 수 있습니다. 하나님은 모든 사람에게 하나님 나라를 향한 선교적 DNA를 심어 주셨습니다.

마이클 프로스트Michael Frost와 앨런 허쉬Alan Hirsch는 다음과 같이 말했습니다.

> "선교적 교회는 선교 프로그램을 갖춘 교회가 아닙니다. 선교적 교회는 하나님의 선교에 의해 형성되고 그것을 핵심 정체성으로 삼는 교회입니다. 제자 양성은 교회가 하나님의 선교에 참여하는 주요 경로입니다."

그리스도의 심장을 가진 제자 없이 선교는 존재할 수 없습니다. 선교적 교회로서 역동적 사역을 꿈꾼다면, 선교적 DNA를 가진 선교적 제자를 만드는 일에 초점을 맞춰야 합니다. 어떤 사역을 설계하기 전에 교회의 우선순위가 바로 설정되어 있는지 먼저 확인해야 합니다. 그래야 아래로부터 시작되는 유기적 사역 구조가 형성될 수 있습니다. 예수님은 말씀하십니다.

> "그러므로 누구든지 나의 이 말을 듣고 행하는 자는 그 집을 반석 위에 지은 지혜로운 사람 같으리니 비가 내리고 창수가 나고 바람이 불어 그 집에 부딪치되 무너지지 아니하나니 이는 주추를 반석 위에 놓은 까닭이요 나의 이 말을 듣고 행하지 아니하는 자는 그 집을 모래 위에 지은 어리석은 사람 같으리니 비가 내리고 창수가 나고 바람이 불어 그 집에 부딪치매 무너져 그 무너짐이 심하니라" _마태복음 7:24-27

제자도는 그리스도인의 정체성과 선교적 사명을 잇는 생명선과 같습니다. 내가 누구이고 어떻게 살아야 하는지에 대한 명확한 길을 제시해 줍니다. 선교적 교회를 꿈꾸고 있다면, 그 기초 작업으로서 제자도와 제자 훈련에 대한 토대를 세워야 합니다.

제자 훈련과 제자됨의 간격

그렇다면 이런 질문을 할 수 있습니다.

'우리 교회에는 다양한 제자 훈련이 있습니다. 단계별로 수년간 제자

훈련을 합니다. 그런데, 선교적 교회와는 거리가 멀게 느껴집니다. 무엇이 문제인가요?'

언뜻 생각하면 제자 훈련을 하는 교회는 모두 선교적 교회일 것 같습니다. 사실, 그게 맞습니다. 그러나 현실은 다릅니다. 왜 그럴까요? 안타깝게도 제자 훈련이 프로그램화되면서 본질적인 핵심을 놓치는 경우가 발생합니다. 교회는 생명체이자 조직체입니다. 초대교회는 작고 유기적인 체질을 가진 선교적 공동체였지만, 4세기 이후 교회가 국교화 되면서 많은 사람을 돌보고 유지하기 위한 시스템과 제도 또한 필요했습니다. 국가의 보호 아래 서구 교회는 오랫동안 정치, 경제, 문화, 교육, 군사 등 사회 전반에 영향을 미치는 특권을 누릴 수 있었습니다. 크리스텐돔Christendom, 기독교 국가이라 불리는 이 체제는 서구 사회에서 약 1,500년 동안이나 지속되었습니다.

오늘날 교회의 체제와 질서는 이때 형성된 유산을 계승합니다. 한국 교회 역시 마찬가지입니다. 특별히 한국 교회는 세계에서 유래를 찾아보기 힘들 정도로 폭발적인 성장을 경험했습니다. 이를 유지하고 발전시키기 위한 제도와 시스템 또한 장착되었습니다. 교회가 제자 훈련에 열광한 이유도 이와 무관치 않습니다. 몰려드는 성도와 다각화되는 사역을 섬길 평신도 리더가 필요했고, 제자 훈련은 그런 필요를 채우는데 꼭 맞는 프로그램이었습니다. 되돌아보면 80년대 이후 유행처럼 번졌던 제자 훈련의 물결은 시대적 요청이었으며 건강한 교회 성장의 필수 코스로 활용될 만했습니다.

교회가 생명력을 가지고 전도와 선교가 활발하게 진행되었을 때는 인지하지 못했던 문제였습니다. 그러나 성장 동력이 상실되면서 세속화와 문화 변혁이 쓰나미처럼 몰려오자, 교회의 유약한 체질이 적나라하게 드러났습니다. 세상 한복판에 자리 잡고 있던 교회는 점점 더 고립되었고, 교회 안에서 수년간 훈련 받았던 성도들은 세상 속에서 어떻게 존재해야 할지, 어떻게 복음을 전하고 세상을 변화시킬 수 있을지 혼란에 빠졌습니다. 여기서 가장 기본적인 질문, '제자는 누구인가?' '제자는 어떻게 살아야 하는가?'에 대한 새로운 관점이 요구되었습니다.

다시 배우는 제자도

제자는 누구입니까? 성경에는 '그리스도인'이란 호칭이 세 번 등장합니다 행 11:26, 26:28; 벧전 4:16. 그들은 그리스도의 사람들입니다. 삶의 내용과 특징이 예수를 닮았음을 드러내는 관계적 용어입니다. 제자 역시 예수님과의 특정 관계를 나타내는 표현입니다. 헬라어로 '마테테스 mathetes, μαθητής'라고 불리는 이 단어에는 '배우는 사람' 혹은 '훈련 받은 사람'이라는 뜻이 담겨 있습니다. 즉, 제자는 스승 되신 예수님으로부터 끊임없이 배우고, 그분의 생각과 행동을 닮기 위해 노력과 훈련을 기울이며, 예수님의 삶을 실천하는 사람입니다.

그렇다면 제자는 어떻게 형성될까요? 예수님의 훈련 방식을 생각해 봅니다. 저는 이것이 오늘날 교실 안에서 이뤄지고 있는 제자 훈련과 가장 큰 차이라고 생각합니다. 예수님의 교육은 생각보다 단순하게 이뤄졌습니다. 데이비드 왓슨David Watson은 『제자도Discipleship』에서 예수님의 제자 훈련 방식을 다음과 같이 요약해 설명해 줍니다. 먼저, 소수 정예의 원리입니다. 예수님은 단 열두 명의 제자를 선택하셔서 그들과 집중적인 시간을 가졌습니다. 일상을 공유하며 자기 자신을 보여 주시는 일에 주저함이 없었습니다. 자신의 성품과 하나님을 향한 충성, 세상을 향한 사랑을 삶으로 보여 주셨습니다. 소수를 중심으로 한 현장 중심적 교육은 철저히 관계 중심이었습니다.

사역 훈련은 어떠했습니까? 주님은 사역을 이론과 실천으로 분리하지 않으셨습니다. 제자들에게 하나님 나라에 대한 가르침과 본을 보여 주신 후, 그들을 빠르게 현장으로 보내셨습니다. 거기서 예수님과 같이 병든 자를 고치고, 귀신을 쫓아내며, 하나님 나라의 복된 소식을 전하게 하셨습니다. 때로는 실수도 하고 실패도 했습니다. 그러나 이것 역시 가르침의 재료였습니다. 예수님은 하나님 나라 사역이 자신의 능력에 있지 않고 성령을 통해서만 가능하다는 사실을 반복적으로 가르쳐 주셨습니다. 그 가르침은 공생애 중에서도, 십자가 죽음과 부활 후에도 계속되었습니다. 이것이 얼마나 중요했던지, 하늘로 승천하시는 그 순간에도 주님은 성령을 받으라고 말씀하셨습니다. 이를 통해 제자들은 교회가 그리스도를 머리로 하는 몸이며 성령의 공동체임을 알게 하셨습니다. 예수님의 가르침은 철저하게 현실적이며 실천적이었습니다. 성령의 임재와 이끄심 앞에 철저히 순복하여 사명을 이루는 선교적 공동체였습니다.

오늘날 제자가 된다는 것은 무엇을 의미하는 것일까요? 그리스도의 방식에 따라 세워진 제자는 어떤 모습으로 나타납니까?

로드 뎀시Rod Dempsey는 『Innovate Church』라는 책에서 참된 제자의 특징을 다음과 같은 항목으로 제시했습니다.

- 제자는 예수 그리스도를 따르기 전에 치러야 할 대가를 심각하게 고려합니다눅 14:28.
- 제자는 그리스도께 철저하게 헌신되어 있습니다눅 14:26; 마 6:33.
- 제자는 그리스도를 위한 희생에 대한 개인적 짐을 기꺼이 짊어집니다눅 14:27, 17:10.
- 제자는 이 세상에서의 자신의 소유를 기꺼이 포기할 수 있습니다마 6:24.
- 제자는 하나님의 말씀 안에 거함으로 그리스도 안에서의 자유를 경

험합니다요 8:31-32.

- 제자는 진정으로 다른 성도들을 사랑합니다요 13:35.
- 제자는 그리스도와 함께 거하며 기도하고 열매를 맺어 하나님을 영화롭게 합니다요 15:5, 7-8.
- 제자는 성령충만합니다행 13:52; 요 15장.
- 제자는 주인의 소망을 알고 순종적으로 따릅니다마 26:19.
- 제자는 제자를 만들라는 예수님의 선교에 적극적이고 친밀하게 동참합니다마 28:16, 18-20.

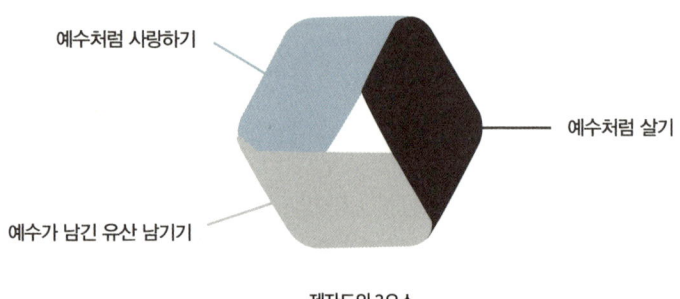

제자도의 3요소

로드 뎀시는 제자됨의 특성을 희생적Sacrificial, 관계적Relational, 변혁적Transformational이란 단어로 정리해 설명합니다. 같은 맥락에서 데이비드 퍼트만David Putman은 제자는 예수님처럼 살고Live like Jesus, 예수님처럼 사랑하고Love like Jesus, 예수님이 남긴 유산을 남기는Leave what Christ left behind 삶을 산다고 표현했습니다. 결국 제자는 예수님을 닮은 사람입니다. 작은 예수Little Jesus가 되는 꿈을 꾸고, 그분의 생각과 마음과 비전을 가지고 교회를 섬기고 세상을 사랑하는 삶을 사는 것이 제자도의 본질입니다.

선교적 제자를 향한 위대한 명령

예수님을 따르는 제자들은 그리스도께서 남긴 과업을 이루며 삽니다. 성경은 주님께서 제자들에게 남긴 명령을 세 가지로 전해 줍니다.

대명령 The Great Commandment

마태복음 22장 37절에서 40절은 제자들을 향한 예수님의 대명령에 대한 말씀입니다.

> "예수께서 이르시되 네 마음을 다하고 목숨을 다하고 뜻을 다하여 주 너의 하나님을 사랑하라 하셨으니 이것이 크고 첫째 되는 계명이요 둘째도 그와 같으니 네 이웃을 네 자신 같이 사랑하라 하셨으니 이 두 계명이 온 율법과 선지자의 강령이니라"

주님의 대명령은 하나님 사랑과 이웃 사랑으로 집결됩니다. 너무나 상식적인 내용이지만, 이보다 크고 어려운 명령이 어디에 있을까요? 주님은 하나님을 사랑하되 마음을 다하고 목숨을 다하고 뜻을 다하여 사랑하라고 하십니다. 거기에는 적당한 사랑이란 없습니다. 존재를 다 바쳐 사랑해야 합니다. 그것이 주님의 말씀이었습니다. 이웃 사랑 역시 마찬가지입니다. 이웃 사랑은 선택이 아닙니다. 자신을 사랑하는 만큼, 이웃을 향해 그 사랑을 펼치라고 말씀하십니다. 선교적 제자의 삶은 사랑의 정도로 결정됩니다. 만약 우리 그리스도인들이 이 말씀을 심각하게 받아들이고 하나님과 이웃에 적용한다면 얼마나 많은 일이 발생할까요? 교회를 향한 거센 비판이 감사와 찬사로 바뀌지 않겠습니까? 이 말씀은 주님이 주신 새명령과 맥을 같이합니다.

새명령 The New Commandment

요한복음 13장 34절에서 35절에는 주께서 주신 새명령이 계시되어 있습니다.

> "새 계명을 너희에게 주노니 서로 사랑하라 내가 너희를 사랑한 것 같이 너희도 서로 사랑하라 너희가 서로 사랑하면 이로써 모든 사람이 너희가 내 제자인 줄 알리라"

하나님과 이웃 사랑의 힘은 성도의 관계 속에서 분출됩니다. 보이지 않는 하나님을 사랑하기란 결코 쉬운 일이 아닙니다. 나와 아무 상관이 없는 이웃을 사랑하는 일도 마찬가지입니다. 그런데 이것을 가능케 하는 길이 있습니다. 바로 하나님을 사랑하는 제자들이 서로 사랑할 때, 거기서 하나님 사랑이 가열되고 이웃 사랑이 점화됩니다. 초대교회 당시 이교도들이 바라봤던 그리스도인들의 삶을 보십시오. 세상을 감동시킨 비밀이 여기 있습니다.

> "이교도들은 '이 그리스도인들이 서로 사랑하는 모습 좀 보게나'라고 말했다. 이것은 반어법이 아니었다. 그리스도인들의 사랑은 가난한 사람과 과부와 고아를 돌보고, 투옥된 형제들이나 사형선고를 받아 노동 광산에 끌려간 형제들을 방문하고, 기근이나 지진이나 전염병이나 전쟁 같은 재난의 시기에 사회봉사를 하는 식으로 표현되었다." 일상교회, 167

그리스도인의 사랑은 위를(up) 향한 사랑이 내부적(in) 사랑으로, 그리고 다시 이웃을 향해(out) 흘러가는 사랑으로 이어집니다. 하나님 사랑이 제자들의 서로 사랑으로 이어지고, 그 사랑의 풍성함이 세상을 사랑하는 용기로 나타납니다. 그 사랑이 흘러넘칠 때 세상은 비로소 교회의 메시지를 참된 진리로 받아들이게 됩니다.

대사명The Great Commission

대명령과 새명령은 제자들에게 주어진 대사명[마 28:18-20]과 함께 완성됩니다.

> "예수께서 나아와 말씀하여 이르시되 하늘과 땅의 모든 권세를 내게 주셨으니 그러므로 너희는 가서 모든 민족을 제자로 삼아 아버지와 아들과 성령의 이름으로 세례를 베풀고 내가 너희에게 분부한 모든 것을 가르쳐 지키게 하라 볼지어다 내가 세상 끝날까지 너희와 항상 함께 있으리라 하시니라" _마태복음 28:18-20

이 위대한 사명은 교회 운동의 핵심입니다. 본 구절은 하나의 명령과 세 개의 분사, 그리고 하나의 약속으로 이뤄져 있습니다. 하나의 명령은 '제자를 삼으라'입니다. 이 명령을 이루기 위해 제자는 세상으로 가고, 세례를 베풀고, 그들을 가르쳐 지키게 하는 일을 감당합니다. 이 일을 하는 제자들에게 하신 말씀이 '세상 끝날까지 함께 하시겠다'는 약속이었습니다.

각각의 명령은 하나의 목적으로 모아집니다. 그것은 바로 하나님 나라의 회복입니다. 잃어버린 백성들이 돌아와 하나님을 예배하고 그분의 통치 아래 사랑이 가득한 그 나라가 되는 꿈을 하나님은 주셨습니다. 따라서 제자됨의 삶은 단지 교회를 유익하게 하는 차원에만 머물지 않습니다. 참된 제자는 하나님 나라를 꿈꾸며 그 완성을 위해 자기 전부를 드리는 삶으로 드러납니다.

놀라운 것은 이러한 비전을 초대교회 성도들은 품고 살았다는 점입니다. 그들은 가는 곳마다 복음을 전했고 제자를 만들고 교회를 세웠습니다. 삶과 삶이 만나는 제자 훈련을 통해 프로그램이 아닌 인격과 존재로 제자를 만들었습니다. 그렇게 제자가 또 다른 제자를 세우는 사역을 통해, 복음은 예루살렘에서 유대로, 유대에서 사마리아로, 그리고 사마리아에서 열방으로 퍼져 나가는 놀라운 역사가 되었습니다. 그리고 그 명령이 이 시대를 살아가는 또 다른 제자인 우리에게 계승되었습니다.

스스로 질문을 해 봅니다.

- 나는 제자입니까?
- 참된 그리스도의 제자입니까?
- 우리 교회는 그리스도의 제자들이 모인 공동체입니까?
- 하나님을 사랑하고 서로 사랑하고 세상을 사랑하는 그 명령을 품고, 열방에 복음을 전하며 세상을 변화시키는 그 유일한 목적을 위해 우리는 존재합니까?
- 우리 교회는 이러한 선교적 제자들이 만들어지고 있습니까?

제자도는 따름에서
파송까지 이어지는 여정입니다.

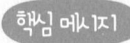 **KEY MESSAGE**

교회는 예수님의 제자 공동체로, 그 본질은 건물이나 프로그램이 아닌 삶의 방식입니다. 제자도는 말씀에 순종하며 예수님의 인격과 사명을 닮아가는 삶의 여정입니다. 제자도를 회복할 때 교회는 선교적 사명을 능동적으로 감당하는 공동체가 됩니다.

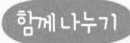 **SHARING TOGETHER**

 생각 열기 START THINKING

- '제자'라는 단어를 들으면 어떤 이미지가 떠오르나요?

- 스스로를 '예수님의 제자'라고 느껴본 적이 있나요?

CHAPTER 06
선교적 교회의 엔진, 제자도

🎯 삶과 연결 RELATE TO LIFE

- 예수님의 제자로 살기 위해 포기하거나 결단한 경험이 있다면 나눠 주세요.

- 누군가가 나의 삶을 보고 "제자 같다"고 말한 적이 있나요?

🔍 함께 고민하기 GO DEEPER

- 단순한 '신자'와 '제자'의 차이는 무엇이라고 생각하나요?

- 오늘날 교회에서 제자도를 회복하려면 어떤 변화가 필요할까요?

- 제자도를 중심에 두는 교회는 어떤 특징을 갖게 될까요?

WEEKLY CHALLENGE

개인 실천 PERSONAL PRACTICE

- 한주간 동안 "예수님이라면 어떻게 하셨을까?"를 하루 한 번 삶 속에서 적용해 보세요.

- 내가 따르고 닮고 싶은 '제자의 삶'을 구체적인 행동 예 : 용서, 정직, 겸손, 희생, 경청 등으로 실천해 보세요.

공동체 실천 COMMUNITY PRACTICE

- 제자로서 삶에서 실천하고 싶은 항목 하나를 정해 서로를 위해 기도하고 점검해 봅시다.

- 소그룹에서 제자의 삶을 살아낸 이야기를 나누며, 제자 문화를 함께 세워 가기 위한 방안을 세워 봅시다.

CHAPTER 06
선교적 교회의 엔진, 제자도

 PRAYER OF COMMITMENT

주님, 단지 말씀을 듣는 자가 아니라

삶으로 말씀을 따르는 참된 제자가 되게 하소서.

작은 순종을 통해 주님의 인격과 사명이

내 삶에 새겨지게 하시고,

그 길에서 주저하지 않도록

성령님 우리를 도와주소서.

우리 소그룹이 말씀에 뿌리내리고,

서로 격려하며 자라나는 제자 공동체가 되게 하소서.

예수님의 이름으로 기도합니다. 아멘.

RE_VIVE CHURCH

함께 세워 가는 선교적 공동체 3 PART

Chapter 7 선교적 교회의 허브, 선교적 공동체
공동체는 세상을 향한 발판입니다

Chapter 8 선교적 공동체의 원리와 실천
사역은 함께 디자인하는 것입니다

Chapter 9 선교적 문화 형성
성도가 교회의 문화를 만듭니다

Chapter 10 선교적 교회의 비밀
작고 순종하는 교회가 세상을 바꿉니다

Chapter 7
선교적 교회의 허브, 선교적 공동체

Q

우리 공동체,
함께 모이긴 하지만
정말 '같이' 가고 있나요?

Chapter ● **07**

선교적 교회의 허브, 선교적 공동체

공동체는 세상을 향한 발판입니다

어떻게 보냄을 실천할 것인가!

선교적 교회의 가장 큰 과제 중 하나는 '어떻게 보냄을 실천할 것인가'와 관련이 있습니다. 전통적인 교회일수록 모이는 교회로의 관성이 강하게 작용합니다. 선교적 역동성을 지닌 흩어지는 교회가 되기 위해서는 기존 제도적 틀을 넘어서는 새로운 사역 구조가 필요합니다. 많은 교회가 선교적 교회로 전환하지 못하는 이유는 기존 시스템을 유지하면서 그 위에 선교 사역을 더하려 하기 때문입니다.

이럴 때 우리는 다시 초대교회를 떠올리게 됩니다. 초대교회는 매우 작고 민첩한 사명 공동체였습니다. 구조적으로 단순하고, 유기적이며, 사역적으로 선교적인 특성을 지니고 있었습니다. 초대교회는 거대한 항공모함보다는 빠르고 민첩하게 움직이는 소규모 특수부대 같았습니다. 당시 교회는 전선을 일사불란하게 지휘할 수 있는 본부나 구체적인 지시를 내릴 수 있는 체계가 없었습니다. 사도들이 중심이 된 예루살렘 교회가 있긴 했지만, 그 역할은 신앙적 원천이자 모범을 제시하는 데 그쳤습니다. 어떤 결정이 선교지에 전달되기까지는 시간이 걸렸습니다. 선교는 전략적인 침투가 아닌, 박해와 핍박에 의해 자발적으로 흩어진 성도들에 의해 이루어졌습니다. 자생적으로 형성된 교회와 성도들의 자발적 헌신이 선교의 핵심이었습니다.

그런데 이 가운데 기적이 일어났습니다. 가장 치열한 영적 전투 속에 내던져진 성도들이 교회를 세우고 복음을 전하며 세상을 변화시키는 일이 벌어진 것입니다. 변변한 전략이나 자원 없이도 놀라운 기적이 이루어졌습니다.

랜스 포드Lance Ford와 롭 웨그너Rob Wegner는 그들의 공저 『The Starfish and the Spirit움켜쥔 힘을 풀어라』에서 초대교회의 특성을 현대 교회가 어떻게 구현할 수 있을지에 대한 통찰을 제공합니다. 이들은 오리

브래프만Ori Brafman의 저서 『The Starfish and the Spider불가사리와 거미』에서 영감을 받았습니다.

불가사리와 거미는 하나의 몸에 여러 다리를 지니고 있다는 점에서 비슷해 보이지만, 그 생명력은 전혀 다릅니다. 거미는 머리에 치명타를 입거나 몸이 잘리면 쉽게 죽습니다.

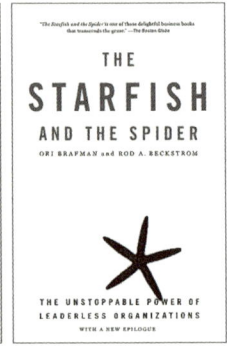

그러나 불가사리는 다릅니다. 불가사리에는 머리가 없으며, 몸이 잘려도 죽지 않고 오히려 절단된 부분이 새로운 개체로 재생되어 하나가 둘로 늘어납니다.

포드와 웨그너는 초대교회를 거미형 조직과 불가사리형 조직에 비유하여 분석합니다.

거미형 조직은 중앙의 리더를 중심으로 질서 있게 움직이며, 리더의 결정에 따라 조직의 운명이 좌우됩니다. 리더의 역할과 역량이 중요한 만큼, 그에 따른 위험도 큽니다. 역사적으로 이런 중앙집권적 모델이 주류를 이루어 왔습니다.

반면, 불가사리형 조직은 중앙집권식 구조 대신 다중적이고 분산된 구조를 가집니다. 중심이 명확하지 않고 느슨하게 연결된 것처럼 보이지만, 각 부분이 자율적으로 움직이며 전체적인 목표를 향해 나아갑니다. 이 모델은 비록 느리지만, 유기적으로 움직이며 강한 생명력을 발휘합니다.

초대교회의 놀라운 성장은 바로 교회가 불가사리형 조직의 특성을 지녔기 때문에 가능했습니다.

교회는 성령의 인도 아래 성도들의 자발적이고 자율적인 활동을 통해 확장되었으며, 통제가 불가능했기 때문에 성도들은 자신의 은사와 사명을 최대한 발휘할 수 있었습니다. 이처럼 혼돈과 자율성이 교회의 강력한 성장 동력이 되었습니다.

20세기 선교계의 중요한 자료 중 하나인 롤랜드 앨런Roland Allen의 책 『교회의 자발적 확장The Spontaneous Expansion of the Church, 1927』에서, 저자는 선교의 참된 동력이 무엇인지 강력하게 강조합니다. 역사적으로 복음의 확산은 인위적인 제도나 외부의 통제에 의해 이루어진 것이 아니었습니다. 선교 부흥이 일어났던 곳에는 언제나 성령의 강력한 역사와 성도들의 자발적 헌신이 있었습니다. 전략이나 프로그램보다 중요한 것은 성령께 주도권을 맡기고, 일상 속에서 이루어지는 비형식적인 복음전파라는 사실은 이 시대에 새롭게 발견된 것이 아닙니다.

살아 있는 교회는 본질적으로 복음적이며 선교적입니다. 하나님을 사랑하고, 서로를 사랑하며, 이웃을 사랑하는 흐름은 자연스럽게 일어납니다. 하나님을 사랑하면 그 사랑이 형제 사랑으로 이어지고, 그 풍성함이 세상으로 흘러 나갑니다.

모든 것은 내면의 상태에서 시작됩니다. 내면에 채워진 것들이 밖으로 흘러나와 외적인 사역으로 연결됩니다. 성도의 선교적 삶은 성령을 얼마나 깊이 받아들이고 순종하는가에 달려 있으며, 이것은 제도나 통제의 문제가 아닙니다.

오랜 선교적 교회 운동의 경험을 통해 발견한 어려움과 그 해결책도 여기에 있습니다. 교회 내면이 선교적 영성으로 채워지지 않은 상태에서 선교를 강조하면, 동력이 생기지 않으며 변화는 어렵습니다. 그러나 교회가 선교적 영성으로 가득 차고 성령의 음성이 들리기 시작하면 새로운 길이 열립니다. 자원이 부족하고 환경이 열악하다는 이유로 선교적 교회를 꿈꾸지 못한다는 이야기는 더 이상 들리지 않게 됩니다. 왜냐하면 성령께서 주도하시고, 성도들을 움직이며 동력화하시기 때문입니다. 그러나 안타깝게도, 하나님의 선교에 동참하라는 위대한 초대장을 손에 쥐고도 이를 열어보기를 두려워하는 교회가 여전히 많습니다.

성령은 교회의 선교 구조를 변화시키십니다. 성취와 과업 중심의 거미형 구조에서 벗어나, 각 지체와 기관이 자율적으로 움직이는 불가사리형 교회로 전환되게 하십니다. 이러한 교회는 전통적인 위계 구조에서 벗어나, 한 사람에게 의존하지 않고 수평적이며 분산된 리더십을 추구합니다. 또한 다양하고 유연한 팀 사역을 지향하며, 일상 속에서 이루어지는 선교는 지역사회와의 긴밀한 연결을 이루고, 이웃의 필요와 문화를 깊이 반영합니다. 이러한 사역의 중심에는 바로 '선교적 공동체'가 있습니다.

그렇다면, 선교적 공동체란 무엇일까요?

선교적 공동체 Missional community

'선교적 공동체'라는 용어에는 두 가지 의미가 담겨 있습니다. 첫째는 이 책에서 지속적으로 강조해 온 포괄적 개념으로, 모든 지역 교회는 본질적으로 선교적 부르심을 받은 성도들의 공동체라는 의미입니다. 둘째는 선교적 교회를 실현하는 사역의 단위로서 '선교적 소그룹 Missional small group'을 지칭하는 용어입니다. 여기서는 후자의 의미로 사용됩니다.

선교적 교회는 성도를 세상으로 보낼 때 그들을 홀로 파송하지 않습니다. 대신 소그룹 공동체로 묶어 함께 사역하도록 보냅니다. 개인적으로 선교적 교회의 가장 중요한 열쇠가 바로 여기에 있다고 생각합니다.

북미 교회들이 성도들을 어떻게 선교적 삶으로 이끌고 있는지를 오랫동안 연구하면서, 그 중심에 바로 선교적 공동체 사역이 자리하고 있다는 사실을 발견했습니다. 이는 단순한 전략이 아니라, 하나님의 섭리와 역사하심이 담긴 중요한 통찰이라고 확신합니다.

공동체로서의 교회

소그룹 공동체의 중요성은 팬데믹 이후 교회의 건강성을 논할 때 가장 주목받는 주제 중 하나입니다. 팬데믹 위기를 잘 이겨낸 교회들에 대한 수많은 연구가 '소그룹'에 집중되고 있다는 사실은 잘 알려져 있습니다. 현대 문화가 초래한 소외와 소속에 대한 욕구는 교회 사역에서도 예외가 아닙니다. 근대화, 산업화, 과학의 발전은 삶의 질을 크게 향상시키고 풍요와 편리함을 제공했지만, 그 과정에서 전통적인 관계와 공동체 내에서 이루어지던 소통과 협력은 점차 단절되었습니다. 현대인은 이러한 단절 속에서 고립과 불안을 느끼며, 치열한 경쟁 속에서 살아남기 위해 몸부림치고 있습니다.

이러한 상황 속에서 교회의 공동체성은 더욱 중요한 가치를 지니게 되었습니다. 그러나 안타깝게도 많은 교회들이 세속화의 영향을 피해가지 못하고, 세상이 기대하는 공동체성을 충분히 드러내지 못했습니다. 그럼에도 불구하고, 다른 모습을 보여 준 교회들도 있었습니다. 여러 조사와 통계가 증명하듯, '소그룹이 건강한 교회'들은 팬데믹 기간을 잘 견뎌냈을 뿐만 아니라, 오히려 성장하는 모습을 보였습니다.

오늘날 '후기 기독교 시대'로 불리는 교회의 쇠퇴 속에서도 우리가 반드시 기억해야 할 것이 있습니다. 비록 기독교 복음전파가 벽에 부딪히고 교회의 생존이 염려되는 상황일지라도, 복음의 능력은 여전히 살아 있으며 성령의 역사는 계속되고 있다는 사실입니다. 교회의 쇠퇴가 하나님 나라의 쇠퇴를 의미하는 것은 아닙니다. 교회는 역사상 가장 심한 박해 속에서 시작되었으며, 그 환난과 핍박 속에서도 복음은 널리 퍼졌습니다. 복음의 능력을 입은 성도들이 있는 곳에서 교회는 시작되었고, 성장하며 확장되었습니다.

복음이 교회를 교회답게 만듭니다. 복음은 교회를 하나로 묶고, 하나님을 사랑하며 형제와 세상을 사랑하게 합니다. 이러한 성도들이 모인 교회는 예수님을 중심으로 한 사랑의 공동체를 이루어, 세상 속에서 하나의 대안이 됩니다. 세상에서 경험할 수 없는 이해와 용서, 포용과 섬김이 교회 안에서 가득합니다. 이는 교회가 주님께서 말씀하신 것처럼 하나의 몸이기 때문입니다. 예수님께서 머리가 되시고, 성도들이 각 지체가 되어 유기적으로 연결된 공동체가 바로 교회입니다.

따라서, 교회의 성장을 염려하기보다는 예수님을 중심으로 한 하나된 공동체를 이루는 데 집중해야 합니다. 우리가 그런 공동체가 된다면, 성장은 자연스럽게 따라올 것입니다. 교회는 살아 있는 생명체이기 때문입니다.

교회의 공동체성을 이야기 할 때 그 초점은 선교적 공동체로 모아집니다. 제임스 스미스James Bryan Smith는 『The Good and Beautiful Community』라는 책에서 선하고 아름다운 교회를 여덟 가지 항목으로 구별해 설명했습니다.

① 구별된 공동체 Peculiar community
② 소망 공동체 Hopeful community
③ 섬김 공동체 Serving community
④ 예수 중심 공동체 Christ-centered community
⑤ 화해 공동체 Reconciling community
⑥ 격려 공동체 Encouraging community
⑦ 나눔 공동체 Generous community
⑧ 예배 공동체 Worshiping community

교회는 세상과 구별되며, 진정한 공동체를 갈망하는 세상에 하나의 대안이 됩니다. 이 모든 것의 궁극적인 목적지는 바로 하나님의 나라입니다. 교회는 하나님의 통치와 다스리심을 나타내는 표식이며, 그 나라가 임할 때 드러나는 현상을 보여 줍니다. 결국, 이러한 교회는 세상에 영향을 미치고 변화를 이끄는 중요한 역할을 합니다.

선교적 사명을 가진 교회는 성도들을 세상으로 파송하여, 그들이 있는 곳에서 교회가 되게 하고, 선교의 사명을 수행하게 합니다. 마치 주님께서 제자들을 둘씩 짝지어 보내셨던 것처럼, 사도들이 팀을 이루어 선교 사명을 감당했던 것처럼, 지역 교회도 성도들을 하나의 공동체로 묶어 세상으로 보내어 그 사명을 이루게 합니다. 이것이 바로 선교적 공동체의 기본 개념입니다.

선교적 공동체 운동의 흐름

선교적 공동체의 방법론을 살펴보기 전에, 북미 지역에서 선교적 공동체 운동이 형성된 배경과 현재의 흐름을 이해하는 것이 중요합니다. 이 운동이 어떻게 확산되었으며, 하나님께서 왜 이 방식을 이 시대에 사용하시는지 이해할 수 있기 때문입니다.

선교적 공동체의 현대적 모델은 닐 콜Neil Cole을 중심으로 한 가정교회 House Church 운동에서 찾을 수 있습니다. 닐 콜은 처음에 전통적인 교회 안에서 사역을 배웠고, 건물 중심의 교회를 개척하려 했으나 그 시도는 실패로 끝났습니다. 이후 그는 사람들을 직접 찾아가 세상의 중심에서 복음을 전하기 시작했습니다. 그렇게 전도된 사람들은 교회라는 건물보다 집, 직장, 카페, 식당 등 일상에서 모이는 것을 더 자연스럽게 받아들였습니다.

성경 속 초대교회처럼, 복음을 전해 제자를 만들고 그 제자들이 모여 교회를 이루었습니다. 제자가 된 성도들은 복음전파의 주체가 되어 다시 사람들을 제자로 삼고, 그들과 함께 새로운 교회를 세워갔습니다. 이러한 가정교회 형태의 교회는 빠른 시간 안에 급격히 확산되었습니다.

이러한 운동은 북미 교회에 큰 충격을 주었습니다. 헌신된 성도들이 의도적으로 지역사회에 들어가 복음을 전하고, 제자를 만들어 교회를 세우며, 또 다른 제자와 교회를 만들어 가는 재생산의 역사가 다양한 형태로 이어졌습니다.

제가 집필한 『리폼처치Re_Form Church』와 『리뉴처치Re_New Church』에서 다룬 바 있는 제프 밴더스텔트Jeff Vanderstelt가 이끄는 소마 공동체Soma Community, 영국 성공회를 중심으로 시작된 프레시 익스프레션스Fresh Expressions, 그리고 최근에 플로리다 탬파에서 시작되어 미국 전역으로 확산되고 있는 언더그라운드 처치Underground Church와 마이크로 처치Micro Churches 운동은 이름은 서로 다르지만, 공통된 철학과 사역 방식을 공유하며 확산되고 있는 선교적 공동체들의 사례입니다.

다음은 최근 한국에도 알려지고 있는 언더그라운드 처치와 마이크로 처치 운동의 실제 예들입니다.

오늘날 마이크로 처치 운동은 강력한 확장성을 가집니다. 이미 다양한 도시와 지역, 국가에서 수백 개의 공동체가 자발적으로 만들어져 사역하고 있는 상황입니다.

이 운동의 주체는 누구일까요? 바로 평신도들입니다. 선교적 열정을 가진 성도들이 모여 공동체를 이루고, 노숙자와 경제적으로 어려운 이들, 고아와 입양된 아이들, 결식아동, 중독자, 미디어와 예술계, 사회적 차별과 소외된 사람들, 성 산업에 종사하는 여성들, 교도소, 싱글맘과 그들의 자녀들, 청소년과 청년 등 다양한 영역에서 섬기고 있습니다.

이 모든 사역은 누군가의 지시나 통제에 의해 이루어지는 것이 아니라, 철저히 자발적으로 소그룹을 형성하여 세상을 섬기고 복음을 전하며 제자화를 이루는 방식으로 불처럼 퍼져가고 있습니다.

처음에 이 운동은 교회 울타리 밖에서 시작되었지만, 지금은 지역 교회들이 보고 배우며 자기 사역에 적용하고 있는 상황입니다. 지역 교회들은 성도들이 어떻게 공동체로 모여 복음을 전하고 세상을 섬기는 사역에 참여할 수 있을지를 고민하면서 이 개념을 도입하고 있습니다.

이는 기존 교회의 체질을 변화시키고 자극하는 계기가 되었습니다. 그 결과, 많은 교회들이 성도들을 훈련시켜 제자로서의 정체성을 깨닫게 하고, 이들이 더 적극적으로 복음을 통해 세상을 변화시키는 선교적 공동체를 세우는 기회를 만들어냈습니다.

다음 챕터에서는 선교적 공동체의 원리와 실제 사례들을 통해 우리 교회에 적용 가능한 사역을 함께 고민해 보겠습니다.

흩어짐 속에 교회의 진짜 모습이 있습니다.

핵심 메시지 KEY MESSAGE

선교적 공동체는 교회의 선교적 사명을 구체적으로 실현하는 핵심 단위입니다. 이 공동체는 자발성과 유기성, 그리고 성령의 인도 아래 '보냄 받은 교회'의 역할을 감당합니다. 교회는 성도들을 공동체로 파송하고, 그곳에서 복음이 살아 움직이게 해야 합니다.

함께 나누기 SHARING TOGETHER

생각 열기 START THINKING

- 나는 지금 어떤 공동체소그룹, 셀, 팀 안에 속해 있나요? 그 안에서의 나는 어떤 역할을 감당하고 있나요?

- 선교적 공동체는 기존 소그룹과 어떤 점에서 다르다고 생각하나요?

CHAPTER 07
선교적 교회의 허브, 선교적 공동체

🎯 **삶과 연결** RELATE TO LIFE

- 공동체 안에서 복음을 함께 살아낸 순간 중, 기억에 남는 장면이 있다면 나눠 주세요.

- 지금 함께 선교적 삶을 살아내고 싶은 '한 사람'이 있다면 그 이유는 무엇인가요?

🔍 **함께 고민하기** GO DEEPER

- 공동체가 선교적이 되기 위해 가장 필요한 변화는 무엇이라고 생각하나요?

- 왜 하나님은 선교를 '공동체 단위'로 맡기셨다고 생각하나요?

- 여러분의 공동체가 '선교적 공동체'로 전환되기 위해 어떤 실천이 필요할까요?

실천챌린지 WEEKLY CHALLENGE

개인 실천 PERSONAL PRACTICE

- 나의 공동체 안에서 내가 감당할 수 있는 선교적 역할 한 가지를 정해 실천해 보세요. 예: 새신자 챙기기, 식사 나눔, 간증 나누기, 격려 메세지 보내기 등

공동체 실천 COMMUNITY PRACTICE

- 2~3명씩 팀을 구성하여 '작은 선교적 공동체'의 콘셉트를 기획해 봅시다.

- 대상, 사역 방식, 주기, 사역 이름 등을 정리하고, 예비 실행 계획안을 작성한 뒤 발표해 봅시다.

- 발표된 사역 계획안에 대해 서로 격려하고, 그중 하나의 아이디어를 실제 공동체 사역으로 구체화할 수 있는 방안도 함께 고민해 봅시다.

CHAPTER 07

선교적 교회의 허브, 선교적 공동체

결단의 기도 PRAYER OF COMMITMENT

주님, 우리 공동체가 모이는 데 그치지 않고,

흩어져서 복음을 살아내는

선교적 공동체가 되기를 원합니다.

서로를 격려하고 세우며,

세상 속에서 복음의 향기를 드러내게 하소서.

나의 재능과 시간, 일상이 공동체와 연결되어

하나님의 나라를 실현하는 도구가 되게 하소서.

예수님의 이름으로 기도합니다. 아멘.

Chapter **8**

선교적 공동체의 원리와 실천

Q

섬김과 사역,
여전히 일부 사람의 몫이라고
느껴지나요?

Chapter ● 08

선교적 공동체의 원리와 실천

사역은 함께 디자인하는 것입니다

선교적 교회의 핵심은 성도들이 선교적 사명을 발견하고 이를 실천하는 데 있습니다. 선교적 공동체는 현대 성도들의 열정을 사역으로 연결하는 가장 효과적이고 강력한 구조입니다. 필자는 여러 해 동안 선교적 교회의 원리와 다양한 현장 모델을 연구하며 이를 바탕으로 『처치 시프트』라는 책을 저술했습니다. 그 연구 결과, 다음과 같은 사역 메커니즘을 제시할 수 있었습니다.

선교적 교회 사역 메커니즘

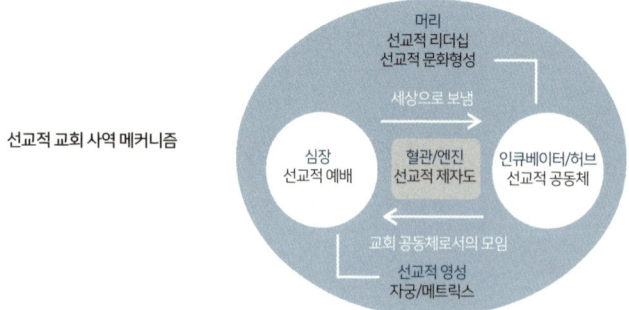

사역의 기본 원리

사역은 존재로부터 나옵니다. 선교적 교회가 되기 위해서는 교회 안에 선교적 영성이 충만해야 합니다. 예배는 이러한 영성을 채우는 중심 역할을 하며, 선교적 제자도와 훈련은 성도들을 선교적 삶으로 이끄는 중요한 수단이 됩니다. 예배로 모인 성도들은 선교사로 세상에 파송되고, 일상의 삶 속에서 복음을 전하며 하나님 나라를 확장하는 사명을 감당합니다.

교회는 단순히 예배의 장소를 넘어, 세상 속에서 하나님의 사역을 이어가는 선교적 공동체로 거듭나야 합니다. 목회자와 교회 리더들은 지역사회와 열방을 위한 사역 방향을 기도하며 모색하고, 교회 공동체는 물질과 자원, 인력을 동원해 최선을 다해 사명을 감당합니다.

개인적으로도 교회는 성도들에게 도전을 줘야 합니다. 성도들이 자신의 삶의 자리에서 선교사적 정체성을 가지고 가정, 직장, 지역사회에서 그리스도의 증인으로 살아가도록 격려해야 합니다. 교회는 이들을 지속적으로 지원하고, 말씀과 사랑으로 양육하며, 세상 속에서 빛과 소금의 역할을 다하도록 돕습니다.

선교적 공동체의 필요성

이 모든 과정에서 교회는 하나님 나라의 확장을 위해 부르심에 충실히 응답하며, 세상 끝까지 복음을 전하는 선교적 교회로 성장해 나아갑니다. 하지만 이러한 이상적인 그림을 실천하기 위해서는 추가적인 요소가 필요합니다. 바로 소그룹 공동체를 통한 선교 사역입니다.

예수님께서 제자들을 보내실 때 주목할 점은 그들을 개별적으로 보내지 않았다는 사실입니다. 예수님은 제자들을 둘씩 짝지어 보내셨으며, 이는 선교가 개인이 아닌 공동체적 협력을 통해 이루어짐을 보여 줍니다.

> "열두 제자를 부르사 둘씩 둘씩 보내시며 더러운 귀신을 제어하는 권능을 주시고" _마가복음 6:7

> "그 후에 주께서 따로 칠십 인을 세우사 친히 가시려는 각 동네와 각 지역으로 둘씩 앞서 보내시며" _누가복음 10:1

최초의 선교사 파송으로 볼 수 있는 안디옥 교회는 바울과 바나바를 팀으로 파송했습니다. 행 13:2-3, 15:22. 이후 바울이 주도한 세 차례의 선교 여행 역시 디모데, 실라, 누가, 에바브로디도, 아굴라와 브리스길라 등 다양한 동역자들과 함께 이루어졌습니다. 이처럼 성경적 선교는 개인적인 활동이 아니라, 공동체적 협력을 통해 이루어진다는 특징을 보여 줍니다.

선교적 공동체의 실천은 북미 지역의 다양한 교회들 안에서 구체적인 사역 형태로 정착해 가고 있습니다. 복음을 일상 속에서 살아내려는 이러한 공동체적 선교의 흐름은, 제도적 교회이든 비제도적 교회이든 관계없이 다음과 같은 공통된 특징을 보여 줍니다.

먼저, 선교적 공동체는 그 모양과 형식은 유사하되 기존 소그룹과 구별되는 방향성을 가집니다.

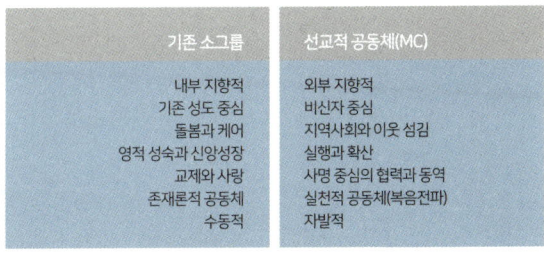

기존 모델과 선교적 공동체 비교

선교적 공동체는 '삶의 현장에서 그리스도의 복음을 믿지 않는 이웃에게 창의적으로 전하기 위해 형성된 제자들의 공동체'라고 할 수 있습니다. 당연히 그 목적이 내부가 아닌 외부를 향하며, 기존 성도가 아닌 비신자를 향합니다.

전통적인 소그룹이 성도 간의 돌봄과 케어, 영적 성숙과 신앙 성숙에 맞춰져 있다면, 선교적 공동체는 지역사회와 이웃을 섬기는 사역을 통해 운동의 확산을 꾀합니다. 구성원들 간의 교제와 사랑을 넘어 사명 중심의 협력과 동역으로 이어집니다. 이로써 선교적 공동체는 실천적 공동체로서의 자기 정체성을 더욱 뚜렷하게 드러냅니다.

선교적 공동체의 원리

이와 같은 선교적 공동체가 구현되기 위해 필요한 원리가 있습니다.

첫째, 자발적이어야 합니다.

선교적 공동체는 강요가 아닌 구성원의 자발적인 헌신과 열정에서 시작됩니다. 자발성은 공동체의 지속 가능성을 담보합니다.

둘째, 유기적이어야 합니다.

'위계적인 방식top-down'이 아니라, 구성원들이 '자연스럽게 참여하는 방식bottom-up'을 통해 유연성과 적응력을 갖춥니다.

셋째, 일상적이어야 합니다.

특정 시간이나 장소에 국한되지 않고, 구성원들의 일상 속에서 자연스럽게 이루어져야 합니다. 가정, 직장, 이웃에서 복음을 전하는 일상적 관계가 중요합니다.

넷째, 쉬워야 합니다.

누구나 참여할 수 있는 간단하고 접근성 높은 구조를 제공해야 합니다.
다섯째, 지속적이어야 합니다.
단기 프로젝트로 끝나지 않고, 장기적으로 성장하며 사명을 감당할 수 있는 기반을 마련해야 합니다.
이것을 정리해 다음과 같은 도식으로 설명할 수 있습니다.

1. 소그룹 2. 분명한 비전 3. UP-IN-OUT 4. 가볍고(Lightweight) 　쉬운(Low-maintenance) 5. 신뢰할 수 있는 리더	1. 일상에서 2. 즐겁게 3. 지속 가능한 4. 모두가 참여할 수 있는 5. 사랑과 섬김의 공동체

선교적 공동체의 원리

선교적 공동체는 소수의 자발적인 성도들로 구성됩니다. 이 공동체는 분명한 목적과 비전이 중심이 되어 움직이며, 사역이 성도들의 은사와 관심사에 연결되므로 자발적이고 유기적으로 운영될 수 있습니다. 일상에서 자연스럽게 이루어지는 사역이 되기 위해, 공동체의 활동은 UP하나님과의 관계 → IN성도들 간의 관계 → OUT이웃 및 지역사회와의 관계로 이어져야 합니다. 이는 하나님의 사랑이 성도들 간의 사랑으로 흘러가고, 다시 세상으로 확산되는 원리와 같습니다. 이러한 사역이 지속 가능하려면 간단하고 접근하기 쉬워야 합니다. 사역이 가볍고 즐거워야 성도들이 자발적으로 참여하며 일상 속에서 꾸준히 이어갈 수 있습니다.

선교적 공동체는 결코 어려운 개념이 아닙니다. 그 초점은 내부에서 외부로, 개인에서 공동체로, 단순한 교제에서 선교적 사역으로 전환되는 데 있습니다. 이를 통해 공동체는 하나님 나라를 확장하는 사명에 더욱 효과적으로 헌신할 수 있습니다. 이것을 다음과 같이 정리해 봅니다.

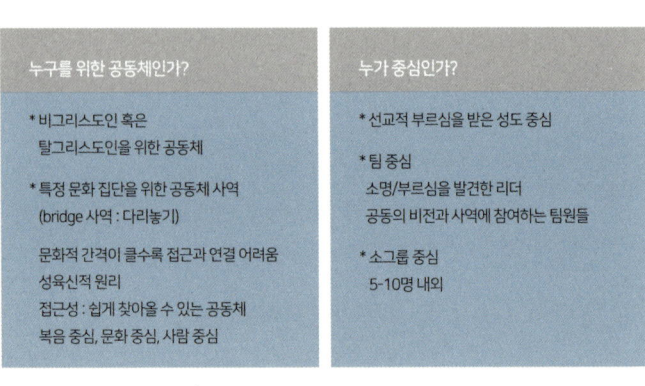

선교적 공동체의 대상과 구성 원리

선교적 공동체는 누구를 대상으로 합니까? 바로 비그리스도인 혹은 탈그리스도인을 위해 존재합니다. 그렇다면, 누가 중심이 될까요? 동일한 선교적 부르심을 품은 성도들이 소그룹을 구성하여 팀으로 사역합니다. 이 사역은 교회가 지정하는 것이 아니라, 성도들이 자신의 은사와 자원을 활용하여 섬기고자 하는 대상과 사람을 중심으로 자율적으로 구성됩니다.

팀 멤버들은 같은 부르심을 품고, 동일한 방식으로 사역하기를 동의

한 사람들이 모입니다. 한 그룹은 함께 특정 대상이나 문화 집단을 위한 맞춤형 사역을 수행하게 됩니다.

이러한 공동체는 시대의 변화에 민감하며, 문화적이고 창의적입니다. 이는 기존의 교회로 사람들을 초대하는 사역 모델attractive / come-to-us이 아니라, 복음이 필요한 사람들에게 직접 찾아가는 선교적 모델missional / go-to-them이기 때문입니다.

다음의 표는 선교적 공동체가 지녀야 할 두 가지 축-문화적 민감성과 복음적 충실성-을 보여 줍니다.

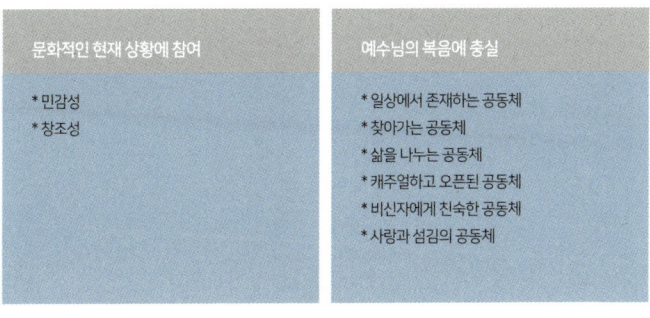

선교적 공동체의 핵심 특징

선교적 공동체는 성육신적 사역을 통해 일상 속에서 삶을 함께 나누며 복음을 전하는, 친근하고 개방적인 공동체입니다. 비신자들이 부담이나 거부감 없이 참여할 수 있는 활동을 통해 관계를 형성하고, 사랑과 섬김을 통해 복음이 전해지는 통로가 됩니다.

선교적 공동체의 실제

다음 단계는 선교적 공동체를 구성하는 단계입니다. 이 과정은 단순하지만, 동시에 전략적 사고가 필요합니다.

사역찾기 : 어디서 시작할 것인가?

가장 먼저는 선교적 공동체 사역을 하기 원하는 자원자를 찾아야 합니다. 선교적 공동체는 자원자들의 부르심과 은사를 중심으로 구성되어야 하기 때문에 시작 단계에서 다음과 같은 사항들을 확인해야 합니다.

- 나의 은사와 관심은 무엇인가?
- 누구를 대상으로 할 것인가?
- 무엇을 통해 할 것인가?

자신에 대해, 복음을 전할 대상에 대해, 그리고 무엇을 통해 사역할 것인지를 찾는 과정이 필요합니다.

팀 구성 하기

함께 사역할 동역자들을 모아 팀을 구성합니다. 이 단계에서는 다음과 같은 요소를 고려해야 합니다.

- 6~8명의 팀원 구성

- 비전과 계획 수립
- 관계 중심의 팀 빌딩

구체적인 전략 수립과 실행

사역 실행을 위한 전략을 구체화하고, 계획을 실제 행동으로 옮깁니다.

- 기도하기
- 모임 계획
- 활동 분배와 실행

피드백과 개선

사역이 단기 활동으로 끝나지 않도록, 다음과 같은 점검이 정기적으로 필요합니다.

- 정체성 유지 여부 점검
- 사역 내용의 개선 및 집중

선교적 공동체의 구체적 방향

선교적 공동체를 더욱 구체적으로 실천하기 위해 다음과 같은 내용을 참조할 수 있습니다.

무엇을 할 것인가?

- 지속적으로 실행 가능한 사역
- 팀원들이 공통 관심사로 참여할 수 있는 사역
- 비신자 멤버가 늘지 않아도 지속 가능한 사역
- 비신자도 부담 없이 참여할 수 있는 활동

어떻게 할 것인가?

- **리듬 만들기** :

  의도적으로 삶의 리듬을 형성하고, 라이프스타일을 조정하기

- **지속적이고 정기적인 사역 형성** :

  월 1회, 격주, 또는 매주 등 사역의 내용에 맞게 주기를 설정

누구를 대상으로 할 것인가?

- 유사한 배경을 가진 사람
- 공통의 관심사나 취미를 가진 사람
- 복음과 섬김이 필요한 사람
- 모임에 초대 받아도 거부감 없이 함께할 수 있는 사람
- 모임 자체를 즐길 수 있는 사람
- 지속적으로 참여할 가능성이 높은 사람

선교적 공동체의 사역 영역

선교적 공동체는 다양한 영역에서 선교적 사명을 감당할 수 있습니다. 믿지 않는 사람을 대상으로 하거나, 도움이 필요한 사람들을 섬기는 사역이 될 수 있습니다. 다음은 전문적 사역과 생활 밀착형 사역의 두 가지 주요 유형입니다.

전문성을 필요로 하는 사역

전문적인 지식과 기술을 활용하여 지역사회와 성도들의 필요를 충족시키는 사역입니다.

- **취약계층 지원 공동체** :
  노숙자 쉼터, 고아, 장애인, 노인 돌봄 및 재활, 이민자와 난민 지원
- **직업 및 경제 지원** :
  구직센터, 주택조합, 금융상담
- **사회적 공간 및 문화 사역** :
  커피숍 및 도서관, 예술 센터, 공유 오피스 공간
- **상담 및 멘토링** :
  심리 상담, 멘토링 프로그램, 가족 상담

- **교육 및 기술 개발** :

  학습 센터, 학업 멘토링, 리더십 아카데미
- **특수 사역 및 자문** :

  법률 자문, 의료 사역, 중독 회복 프로그램

생활 밀착형 사역

성도들의 일상과 자연스럽게 연결된 활동을 통해 관계를 형성하고 선교적 사명을 실천하는 공동체입니다.

- **야외활동** :

  등산, 마라톤, 축구, 골프, 자전거 타기, 캠핑, 자연 보호 활동 등
- **취미 중심** :

  독서클럽, 뜨개질, 공예, 요리 교실, 사진 촬영, 영화 모임 등
- **지역사회봉사** :

  양로원, 고아원, 장애인 지원, 노숙인 식사 제공, 무료 건강 상담 등
- **연령대 및 라이프 스타일 중심 사역** :

  젊은 부부, 싱글, 자녀 연령별 모임, 특별 상황 가족 모임 등
- **문화와 관심사 중심 사역** :

  다문화 가정 지원, 예술 활동, 기술 동아리, 애완동물 모임

- **사회적 이슈 및 전문 사역 공동체** :

  환경 보호 캠페인, 정의와 평화 사역, 중독 회복 모임, 감옥 사역

- **온라인 및 디지털 사역** :

  온라인 소그룹, 소셜 미디어 사역

- **치유와 회복 중심 사역** :

  영적 치유 워크숍, 정신 건강 그룹, 중독자 치유 그룹

사역의 핵심

선교적 공동체는 사역의 범위가 광범위하고 다양합니다. 중요한 점은 교회 내에 이미 이러한 사역을 위한 자원과 열정이 있다는 사실입니다. 이러한 사역은 특별한 교육 없이도 성도들이 일상 속에서 자연스럽게 실천할 수 있는 활동들입니다.

교회의 역할은 이러한 기회와 기반을 마련해 주는 것입니다. 선교적 교회는 성도들이 선교적 삶을 살 수 있는 플랫폼이 되어야 합니다. 이를 통해 성도들이 세상 속에서 복음을 전하며 하나님의 사역을 감당하도록 새로운 도전에 나서야 합니다.

Sharing Time

동반자적 리더십이
선교적 공동체를 세웁니다.

핵심 메시지 KEY MESSAGE

선교적 공동체는 성도들이 자발적으로 참여하여 복음을 일상에서 살아내는 유기적 소그룹입니다. 각 구성원은 은사와 관심을 따라 사역을 함께 기획하고, 함께 파송됩니다. 교회는 이 공동체가 지속적으로 살아 움직일 수 있도록 사역 리듬과 실행 구조를 지원해야 합니다.

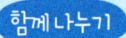 SHARING TOGETHER

 생각 열기 START THINKING

- 하나님께서 나에게 주신 자원 시간, 관심사, 재능, 관계 등은 무엇이라고 생각하나요?

- 선교적 공동체를 만든다면, 어떤 사람들과 어떤 분야 직장, 취미, 지역 등에서 시작하고 싶나요?

CHAPTER 08
선교적 공동체의 원리와 실천

🎯 삶과 연결 RELATE TO LIFE

- 지금까지 사역에 참여하면서 가장 큰 기쁨을 느꼈던 순간은 언제였나요?

- '내가 이 일에 헌신해도 되겠다'고 확신이 들었던 경험이 있다면 나눠 주세요.

🔍 함께 고민하기 GO DEEPER

- 선교적 공동체 사역을 위해 필요한 구성 요소(대상, 방식, 팀원 등)는 무엇일까요?

- 지금 내 삶의 자리에서 실현 가능한 사역은 어떤 모습일까요?

- 내가 선교적 공동체에서 함께할 수 있는 역할은 무엇이라고 생각하나요?

Sharing Time

WEEKLY CHALLENGE

 개인 실천 PERSONAL PRACTICE

- [사역 설계 시트]를 활용해 나의 사역 디자인 메모를 해보세요.

  예시
  대상 : 직장 동료 중 신앙 없는 2명
  방식 : 월 1회 독서모임 & 점심 식사
  동역자 : 같은 팀의 크리스천 동료 1명

 공동체 실천 COMMUNITY PRACTICE

- [사역 설계 시트]를 활용해 각자의 은사와 관심을 바탕으로 사역안을 구상해 봅시다. 다음 모임에서 그 실천을 돌아보며 느낀 점이나 배운 점을 자유롭게 나누어 봅시다.

- 소그룹이 실제 가능한 공동 사역 한 가지를 정하고, 첫걸음을 실행해 봅시다. 실행 후 서로 피드백을 나누고, 격려하며 지속 가능한 사역 리듬을 함께 계획해 봅시다.

CHAPTER 08
선교적 공동체의 원리와 실천

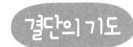 PRAYER OF COMMITMENT

주님, 저의 은사와 자원이

주님의 선교적 목적을 위해 쓰이기를 원합니다.

제 삶의 자리에서 복음을 살아내며

주님의 부르심에 기꺼이 순종하게 하소서.

우리 소그룹이 함께 기도하고, 함께 계획하며,

예수님처럼 이웃 가운데 거하며 섬기는 공동체가 되게 하소서.

작고 자발적인 실천이 꾸준한 사역으로 이어지고,

지속 가능한 선교적 공동체로 자라나게 하소서.

예수님의 이름으로 기도합니다. 아멘.

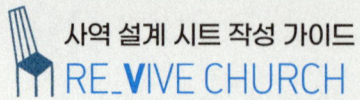

사역 설계 시트 작성 가이드

"당신의 일상이 곧 사역의 시작입니다."

이 '사역 설계 시트'는 소그룹 안에서 각자의 사명을 구체적으로 실현하기 위한 실천 도구입니다. 부르심을 기억하며, 지금 내게 주어진 자리에서 가능한 사역을 함께 구상해 봅시다.

번호	질문 키워드	작성 안내
1	사역 대상	지금 마음이 가는 이웃, 섬기고 싶은 사람을 떠올려 보세요. 예: 신앙이 없는 직장 동료, 아이들 친구의 부모 등
2	대상 특징	그들의 삶의 형편, 필요, 공통점 등을 간단히 적어 보세요. 예: 초등학생 자녀를 둔 부모, 다문화 가정 엄마, 20대 취업 준비생 등
3	동역자(팀 구성)	믿음의 친구, 공동체 리더, 부부 등 떠오르는 동역자를 적어 보세요. 예: 같은 소그룹 멤버, 신앙 친구 2명 등
4	사역명, 팀명	사역의 정체성과 방향을 담은 이름을 자유롭게 정해 보세요. 예: 회복과 쉼터 공동체, 마을 책방 팀, 기쁨 공방, 함께 걷는 사람들 등
5	사역 콘텐츠	나의 은사, 관심사, 경험을 바탕으로 가능한 활동을 구상해 보세요. 예: 요리, 독서, 음악, 상담, 스포츠, 공예 등
6	사역 진행 방식	구체적인 활동 장소, 시간, 운영 구조, 소통 방법 등을 생각해 보세요. 예: 주말 저녁, 카페에서 만남, 점심시간 30분 줌(zoom) 모임 등
7	사역 리듬(주기)	무리하지 않으면서도 꾸준히 지속 가능한 주기를 정해 보세요. 예: 매주, 격주, 월 1회 정기모임 등
8	사역 시작일	사역의 첫 걸음을 위한 날짜를 정해 보세요. 예: 9월 첫째 주, 이번 분기 내 시작 등
9	기대 열매, 기도 제목	사역을 통해 기대하는 변화나 기도 제목을 적어 보세요. 예: 예수님을 소개할 수 있기를, 삶의 회복 등
10	선교적 의미	이 사역이 하나님 나라와 어떻게 연결되는지 생각해 보세요. 예: 일상 속 복음 실천, 선교적 삶의 훈련 공간 등

 **'나의 부르심'**

사역 설계 시트 작성 전 또는 마지막에 '하나님이 지금 나를 어디로 부르고 계신가?'를 생각하며 정리해 보세요.

CHAPTER 08

나의 선교적 공동체 사역을 함께 디자인해 보세요.

사역 설계 시트	
1. 누구를 위해 사역하고 싶은가요?	
2. 사역의 구체적 대상은 누구인가요?	
3. 누구와 함께하고 싶은가요?	
4. 사역의 이름 또는 팀명을 정해 보세요	
5. 무엇을 통해 사역할 수 있나요?	
6. 사역의 방식은 무엇인가요?	
7. 사역의 리듬(주기)은 어떻게 되나요?	
8. 사역 시작 예정일은 언제인가요?	
9. 이 사역을 통해 기대하는 열매 또는 기도 제목은 무엇인가요?	
10. 이 사역의 선교적 의미는 무엇인가요?	

Chapter **9**

선교적 문화 형성

RE_VIVE

Q

당신의 교회 문화,
변화하고 있다고
느껴지나요?

Chapter ● 09

선교적 문화 형성

성도가 교회의 문화를 만듭니다

성도에게서 시작되는 교회의 변화

얼마 전 필자가 섬기고 있는 교회의 소그룹 리더 모임에서 감동적인 순간을 경험했습니다. 이 모임은 각자의 자리에서 선교적 사역을 감당하기 위해 자발적으로 소그룹을 만들어 이끌고 있는 리더들의 모임이었는데, 참으로 기쁘고 놀라운 시간이었습니다. 나는 이 모임에 수년째 참여하고 있는데, 무엇보다 평신도들이 일상의 선교사로 살아가고 있다는 사실에 큰 감동을 받았습니다.

그들은 일터에서, 가정에서, 지역사회에서 다양한 방식으로 하나님의 사랑을 실천하고 있었습니다. 각 소그룹은 난민, 탈북여성, 여성·남성

북클럽, 자녀세대, 각종 스포츠, 요리 및 꽃꽂이 강습 등을 통해 복음의 다리를 놓고 있었습니다. 놀라운 점은 이러한 사역이 따로 분리된 개별 활동이 아니라 서로 연결되면서 강력한 시너지를 만들어내고 있다는 점이었습니다.

모임을 마치고 한 리더가 이렇게 고백했습니다.

"목사님, 이게 교회 아닙니까? 선교적 교회란 바로 이런 모습 아닌가요? 이런 분들과 함께할 수 있다는 것이 큰 기쁨입니다."

모태신앙으로 태어나 60년을 교회에서 살아온 성도가 말했습니다.

"신앙생활이 이렇게 재미있을 수 있다는 게 신기해요. 제가 하고 싶은 일들을 이분들이 다 하고 계세요. 저는 마음만 먹으면 어디든 참여할 수 있어서 정말 감사하고 행복해요."

70대 중반의 한 성도는 이렇게 말했습니다.

"목사님, 만약 제가 이 사역을 하지 않았다면, 지금쯤 골방에서 유튜브나 하루 종일 보고 있었을 거예요. 작은 은사를 통해 믿지 않는 사람들을 섬길 수 있다는 게 정말 감사해요." 감동적인 고백이 넘쳤습니다.

이러한 이야기를 들으며 저는 다시 한번 확신하게 되었습니다.

"선교는 성도를 살리고, 교회를 살린다."

그러나 많은 교회가 선교적 문화를 형성하는 데 어려움을 겪고 있습니다. 과연 우리는 어떻게 하면 모든 성도가 선교를 꿈꾸고, 참여하며, 기뻐하는 교회를 만들어 갈 수 있을까요?

선교적 문화의 장애 요소

오늘날 교회가 직면한 문제 중 하나는 성도들이 교회의 프로그램과 활동에 소비자로 머무는 경우가 많다는 점입니다. 앨런 록스버그Alan Roxburgh는 현대 교회의 특징을 세 가지로 설명합니다.

첫째, 성직자 중심주의Clergy-centeredness입니다. 교회가 성직자의 지도력에 지나치게 의존하면서 성도들은 교회의 사역에서 소극적인 존재가 됩니다.

둘째, 소비주의Service consumerism입니다. 성도들은 교회를 신앙을 위한 공동체가 아니라 서비스 제공 기관으로 인식하고, 필요한 영적 서비스를 소비하는 것에 초점을 맞춥니다.

셋째, 전문가 중심주의Expert-driven church culture입니다. 사역의 주체가 성도 전체가 아니라 소수의 전문가와 리더에게 집중되면서 성도들의 역할이 제한됩니다.

록스버그는 이러한 문제를 해결하기 위해 교회가 보다 선교적인 문화를 형성해야 한다고 주장합니다.

그는 선교적 교회가 되기 위해 다음과 같은 세 가지 변화를 강조합니다.

첫째, 성직자가 모든 결정을 내리는 구조에서 벗어나 성도들이 적극적으로 참여하는 리더십 구조를 형성해야 합니다.

둘째, 교회의 사역이 프로그램 중심이 아니라, 성도들이 실천하고 경험할 수 있는 실제적이고 구체적인 선교적 삶을 강조해야 합니다.

셋째, 성도들이 단순한 수혜자가 아니라, 스스로 선교적 정체성을 가지고 하나님의 사역에 동참할 수 있도록 해야 합니다.

선교적 문화를 형성하는 세 가지 차원

그렇다면 어떻게 선교적 문화를 가진 교회가 될 수 있을까요? 저는 세 가지 차원의 접근이 필요하다고 생각합니다.

교회적 차원 : 훈련과 교육

교회는 성도들이 선교적 삶을 자연스럽게 살아갈 수 있도록 도와야 합니다. 데이비드 기븐스David Gibbons는 교회를 단순한 예배 공간을 넘어 도장Dojo, 연습실Lab, 훈련소Training center 같은 장소가 되어야 한다고 강조합니다. 그는 『Small Cloud Rising』이란 책에서 교회가 성도들에게 실패와 실험을 두려워하지 않는 환경을 제공할 수 있어야 한다고 주장합니다. 즉, 교회는 성도들이 자유롭게 시도하고, 도전하며, 배우는 공간이 되어야 하며, 이를 통해 선교적 DNA를 형성해 나가야 합니다.

도장은 신앙을 실제적으로 연습하는 공간입니다. 성도들이 단순히 말씀을 듣는 데서 그치지 않고, 실제적인 훈련과 실천을 통해 영적으로 성장하는 곳입니다. 이를 위해 교회는 지역사회 봉사 활동을 정기적으로 조직하여 성도들이 직접 섬김을 경험하도록 하고, 가정교회나 소그룹에서 기도 인도와 말씀 나눔을 연습할 수 있도록 기회를 제공합니다.

연습실은 신앙이 실험적일 수 있도록 돕는 공간입니다. 성도들은 새로운 선교적 접근 방식을 시도하고 학습하는 환경에서 성장해야 합니다. 이를 위해 교회는 전도 훈련을 통해 다양한 복음전파 방법을 실천해 보고, 그 결과를 공유하는 모임을 운영합니다. 또한, 교회 내에서 비기독교인과 함께할 수 있는 문화 프로그램을 통해 음악 모임이나 운동 클럽과 같은 다양한 활동을 시도하고 그 경험을 나누는 것도 좋은 방법입니다.

훈련소는 성도들이 선교적 삶을 살아갈 수 있도록 준비하는 공간입니다. 단순한 지식 전달에 그치지 않고, 실천 중심의 교육이 이루어져야 합니다. 실제 선교 현장을 방문하여 단기 선교 훈련을 받거나 지역사회 봉사 프로젝트에 참여함으로써 선교적 삶을 경험할 수 있습니다. 또한, 직장인, 학생, 가정주부 등을 대상으로 맞춤형 선교적 삶을 위한 워크숍과 멘토링을 제공하여 각자의 삶의 자리에서 효과적으로 선교적 역할을 감당할 수 있도록 도와야 합니다.

개인적 차원 : 삶에서 실천하는 신앙

교회의 훈련을 통해 선교적 비전을 품은 성도들은 자신의 삶의 자리에서 선교적 증인으로 살아가야 합니다. 선교는 특별한 행사나 프로젝트가 아니라, 우리의 일상 속에서 자연스럽게 흘러가야 합니다. 성도들은 자신의 직장, 가정, 학교에서 하나님 나라를 증거하는 삶을 살아야 하며, 그로 인해 복음이 주변 사람들에게 전해지도록 해야 합니다.

예를 들어, 직장에서 정직하게 일하며 동료들에게 선한 영향력을 끼치고 자연스럽게 신앙적인 대화를 나누는 것도 선교적 삶의 실천이 될 수 있습니다. 또한 어려운 이웃을 돕고 지역사회에서 섬김의 역할을 감당하는 것 역시 중요한 선교적 실천입니다.

이러한 작은 실천들이 모이면 결국 교회가 건강한 선교적 공동체로 나아가는 데 중요한 역할을 하게 됩니다. 성도들이 교회 안에서 배운 선교적 가치를 삶에서 실천하도록 돕는 것이 교회의 핵심 과제입니다.

공동체적 차원 : 함께하는 선교적 여정

개인의 실천이 지속되기 위해서는 함께 선교적 여정을 걷는 공동체가 필요합니다. 선교적 소그룹은 성도들이 함께 살아가면서 선교적 고민을 나누고, 상상력을 실험하며, 서로를 격려하는 장이 되어야 합니다. 이는 단순한 성경 공부 모임을 넘어, 실제 삶의 자리에서 선교적 사명을 실천하는 실천적 공동체를 지향합니다.

이러한 공동체적 접근은 교회 안에 선교적 문화를 견고하게 세우는 토대가 됩니다. 주중에도 신앙을 함께 나누고 실천하는 소그룹은 성도들이 선교적 도전을 지속할 수 있도록 돕고, 일상 속에서 복음을 살아낼 수 있는 구체적인 힘이 되어줍니다.

이와 같은 공동체적 구조가 형성될 때, 교회는 단순한 종교 기관을 넘어, 살아 있는 선교적 공동체로 거듭나게 됩니다. 교회는 단순히 모이는 장소가 아니라, 성도들이 훈련받고 삶에서 신앙을 실천하며 공동체와 함께 선교적 사명을 감당하는 장이 되어야 합니다. 이러한 문화가 자리 잡을 때, 교회는 진정한 의미에서 선교적 교회로 변화하게 될 것입니다.

선교적 문화를 만드는 실천 방법

그렇다면 이러한 선교적 문화는 어떻게 형성될 수 있을까요? 다음의 네 가지 요소를 참조할 필요가 있습니다.

작은 도전에서 시작하라

변화는 단번에 이루어지지 않습니다. 언제나 작은 도전과 실천에서 시작됩니다. C. S. 루이스는 "작은 일들이 모여 큰 변화를 만든다"고 말했습니다. 일상 속에서의 작고 꾸준한 실천은 점차 삶의 방향을 바꾸고, 공동체의 문화를 형성하는 힘이 됩니다.

선교적 문화를 조성하려면 성도들이 일상에서 실천할 수 있는 구체적이고 실행 가능한 도전 과제를 제시해야 합니다. 이러한 도전이 반복되고 지속될 때, 성도들은 점차 선교적 삶에 익숙해지고, 더 큰 사명을 감당할 수 있는 내적 힘과 공동체적 기반을 얻게 됩니다.

예를 들어, 다음과 같은 실천 과제를 제시할 수 있습니다.

- **매주 한 명의 불신자를 위해 기도하고 대화하기 :**
  단순히 기도하는 데 그치지 않고, 해당 사람과 의미 있는 대화를 나누며 필요를 살피는 과정을 실천합니다.

- **지역사회를 섬기는 작은 프로젝트에 참여하기** :

지역사회의 청소 봉사, 무료 급식 사역, 고아원 방문 등을 통해 복음의 사랑을 구체적으로 실천합니다.

- **자신의 신앙 이야기를 자연스럽게 나누기** :

신앙을 강요하지 않으면서도 자신의 삶 속에서 하나님이 하신 일을 나누는 습관을 들이면, 복음전도가 더욱 자연스럽게 이루어집니다. 작은 도전에서 얻은 성공 경험은 성도들이 선교적 삶을 더욱 자발적으로 수용하도록 이끕니다. 나아가 교회 안에 간증과 격려가 오가는 문화가 조성될 때, 성도들은 서로를 통해 배우고 함께 자라갈 수 있습니다.

선교적 리더십을 키우라

선교적 문화는 단순히 목회자의 설교나 프로그램을 통해 이루어지는 것이 아닙니다. 성도들이 선교적 사명을 자각하고 이를 실천할 수 있도록 돕는 리더들이 필요합니다. 이러한 선교적 리더들은 단순히 지시하고 관리하는 역할을 넘어서, 성도들과 함께 성장하며 선교적 비전을 공유하는 사람들입니다.

'선교적 리더의 핵심 역할'

- **선교적 비전 심어주기** :

  교회 전체가 선교적 방향성을 갖도록 지속적으로 선교의 중요성을 강조하고, 성도들이 자신의 삶에서 어떻게 적용할 수 있을지 고민하도록 돕습니다.

- **실험하고 도전할 기회를 제공하기** :

  성도들이 선교적 실천을 부담 없이 시도할 수 있도록 돕고, 다양한 방법을 실험할 수 있는 장을 마련합니다. 예를 들어, 선교적 프로젝트 공모전, 다양한 선교적 활동 참여 기회 제공 등이 포함될 수 있습니다.

- **실패를 두려워하지 않도록 격려하기** :

  선교적 실천 과정에서 실패는 불가피합니다. 그러나 실패를 배움의 기회로 삼고 다시 도전할 수 있도록 격려하는 것이 중요합니다.

- **선교적 네트워크 형성하기** :

  교회 내에서 뿐만 아니라, 지역사회와 글로벌 차원에서 선교적 연결망을 구축하여 지속적인 협력과 배움이 이루어지도록 돕습니다.

일상 속에서 선교적 공동체를 만들라

선교적 문화는 단지 교회의 공식적인 프로그램만으로 형성되지 않습니다. 오히려 성도들이 일상에서 선교적 삶을 살아갈 수 있도록 환경을 조성하는 것이 중요합니다. 이를 위해 교회는 성도들이 자연스럽게 신앙을 나눌 수 있는 선교적 공동체를 형성해야 합니다.

'선교적 공동체의 유형'

- **선교적 소그룹** Missional small group :

  기존의 소그룹을 단순한 성경 공부 모임이 아니라, 실제로 선교적 사명을 실천하는 공동체로 변화시킵니다. 예를 들어, 한 달에 한 번은 지역 봉사 활동에 함께 참여하거나, 공동체 내에서 불신자 한 명을 초청하여 함께 교제하는 시간을 가질 수 있습니다.

- **창의적 선교 공동체** Creative missional community :

  믿지 않는 사람들과 함께할 수 있는 모임을 형성하여 자연스럽게 복음이 전달되도록 합니다. 예를 들어, 운동, 요리, 음악, 미술, 독서, 사회봉사 모임 등을 통해 관계를 형성하고 복음적 대화를 이끌어갈 수 있습니다.

- **가정 기반 선교 공동체** Home-based missional community :

  가정을 선교의 중심지로 삼아, 성도들이 자신의 가정에서 이웃을 초청하고 함께 식사하며 신앙을 자연스럽게 나누는 문화를 조성합니다.

선교적 문화를 지속적으로 강화하라

선교적 문화는 단기간에 형성되지 않습니다. 지속적인 노력이 필요하며, 교회의 시스템과 구조가 이를 뒷받침해야 합니다. 다음과 같은 요소들을 고려해 선교적 문화를 강화할 수 있습니다.

'선교적 교육과 훈련'

- **선교적 삶에 대한 체계적인 교육 제공** :

  선교적 삶이 무엇인지, 어떻게 실천할 수 있는지를 배우는 교육 프로그램을 정기적으로 운영합니다.

- **멘토링 시스템 구축** :

  선교적 리더들이 신앙적으로 성숙한 성도들과 멘토링 관계를 형성하고, 실천적인 도움을 줄 수 있도록 합니다.

'교회의 운영 방식 재구성'

- **프로그램 중심에서 관계 중심으로 전환** :

  단순히 많은 프로그램을 운영하는 것이 아니라, 성도들이 의미 있는 관계를 맺고 선교적 삶을 살아갈 수 있도록 돕는 것이 핵심입니다.

- **선교적 평가 시스템 도입** :

  교회의 선교적 영향력을 평가하고, 이를 통해 지속적인 개선이 이루어지도록 합니다.

선교적 문화는 단순한 프로그램이나 일회성 이벤트가 아니라, 성도들의 자발적인 참여와 헌신을 통해 형성됩니다. 교회의 역할은 성도들에게 선교적 비전을 심어주고, 이를 실천할 수 있는 환경을 조성하는 것입니다.

선교적 리더는 성도들에게 선교적 의식을 불어넣고, 실험할 기회를 제공함으로써, 선교적 삶이 자연스럽게 흘러가도록 도와야 합니다. 이제 우리도 선교적 교회를 꿈꾸며, 작은 도전에서 시작하여 더 큰 사명을 감당하는 공동체로 성장해 나가야 합니다.

선교적 상상력을 현실로 만드는 공동체

6년 전, 미국 오렌지 카운티에 개척된 씨드교회 Seed Church, 권혁빈 목사는 단순하고 유기적이며 선교적인 교회를 꿈꾸며 시작되었습니다. 복잡한 프로그램과 형식을 배제하고, 본질에 집중하는 교회를 만들고자 예배 또한 단순하게 구성되었습니다. 사회자도 없이 찬양, 환영, 말씀, 성찬, 그리고 응답과 결단의 시간으로 이어지는 깊은 예배를 추구했습니다. 찬양 인도자 한 명, 악기는 키보드와 기타뿐. 성가대도 없고, 대표기도도 없었습니다. 오직 하나님 앞에서 예배와 말씀에 집중할 수 있도록 하였습니다.

사역 역시 최소한으로 조정했습니다. 새로운 성도는 5주간의 'DNA 교육'을 이수해야만 등록할 수 있고, 주중 모임이 없는 대신 토요일 새벽예배와 리더 교육에 집중했습니다. 그리고 모든 사역은 '미셔널 커뮤니티Missional community'라 불리는 소그룹이 담당했습니다. 이 소그룹은 학습과 실천을 주도하는 주체였습니다. 대부분 교회의 소그룹이 교제 중심인 반면 씨드교회는 이 그룹을 통해 선교적 삶을 실천할 수 있도록 유도했습니다. 리더 모임을 통해 그들이 먼저 선교적 DNA를 배우고, 그 내용이 성도들에게 자연스럽게 전달될 수 있도록 하였습니다. 단순하지만 강력한 구조였습니다.

그러나 도전은 여기서 멈추지 않았습니다. 그들은 기존 성도들의 공동체뿐 아니라, 믿지 않는 분들을 위한 '창의적 미셔널 커뮤니티Creative missional community'를 만들었습니다. 운동, 요리, 예술, 직업, 취미, 관심사 등 형태는 다양해도 상관없었습니다. 다만, 불신자들이 자연스럽게 참여할 수 있는 열린 공간이어야 했습니다. 신앙이 삶 속에서 자연스럽게 스며들고, 공동체를 통해 예수 그리스도를 만나도록 말입니다. 그렇게 꿈꾸던 선교적 삶이 조금씩 성도들의 일상이 되어 갔습니다.

처음엔 많은 고민이 있었습니다. '이런 방식이 한국 교회에서도 가능할까?' 하지만 시간이 지나면서 성도들의 선교 의식이 성장했습니다. 선교는 이제 더 이상 교회에서 배우는 개념이 아니라, 삶 속에서 실천하는 사명이 되었습니다.

선교적 문화는 결코 위에서부터 주입되어 형성되는 것이 아닙니다. 성도 한 사람 한 사람이 자신의 선교적 사명을 발견할 때 비로소 가능해집니다. 그래서 선교적 리더의 역할이 중요합니다. 선교 의식으로 충만한 리더는 성도들에게 그 불꽃을 전해주고, 상상력을 심어주며, 실험할 기회를 제공해야 합니다. 그렇게 형성된 선교의 흐름이 끊기지 않고 흘러 갈 수 있는 '파이프라인'이 구축되어야 합니다.

우리 교회의 모습은 어떠합니까? 혹시 선교적 꿈과 비전을 실현하기에는 너무 복잡한 구조를 가지고 있지는 않습니까? '어떻게 사명에 집중할 수 있는 구조를 만들 것인가', 즉 무엇을 지키고 무엇을 바꿀 것인가는 매우 중요한 질문입니다. 많은 교회가 이 지점에서부터 문제가 발생합니다. 사명에 집중하기보다 자신의 편견과 경험에 의존하면서 추진력을 잃어버립니다.

우리는 다시 도전해야 합니다. 우리 공동체의 존재 이유는 하나님 나라와 그의 선교에 참여하는 것이며, 이를 위해 우리의 존재론적 초점과 사역의 방향은 재조정되어야 합니다. 하나님 나라에 초점을 맞출 때 우리는 변화될 수 있고, 선교적 상상력이 실제가 되는 문화를 형성할 수 있습니다.

Sharing Time

소비자가 아닌 **사역자**로, 교회의 문화를 바꿉니다.

핵심 메시지 KEY MESSAGE

선교적 교회는 성도 한 사람 한사람이 소비자가 아닌 사역의 주체로 참여할 때 건강하게 세워집니다. 모든 성도는 하나님께 부름 받은 존재로, 교회 안팎에서 자발적으로 사역하도록 격려받아야 합니다. 교회의 문화는 복잡한 구조보다 자발적 실천과 신뢰를 통해 변화되며, 훈련과 공동체 속에서 확장됩니다.

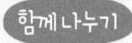 SHARING TOGETHER

 생각 열기 START THINKING

- 내가 참여했던 조직이나 공동체 중, '참여와 섬김의 분위기'가 자연스럽게 조성되어 있다고 느꼈던 곳이 있나요? 그 경험은 어땠나요?

- 성도 한 사람 한 사람이 자발적으로 참여하고 섬기는 교회는 어떤 모습일까요?

CHAPTER 09
선교적 문화 형성

🎯 삶과 연결 RELATE TO LIFE

- 사역을 위임받았을 때 부담보다 기쁨이나 성장을 경험했던 순간이 있다면 나눠 주세요.

- 내가 주도적으로 참여했던 사역 중 기억에 남는 경험은 무엇이었나요?

🔍 함께 고민하기 GO DEEPER

- 오늘날 교회 안에서 보이는 소비주의적 문화는 어떤 모습으로 나타나고 있나요? 그로 인한 한계나 어려움은 무엇이라고 느끼나요?

- 나의 교회나 소그룹이 '참여적 문화'로 나아가기 위해 필요한 변화는 무엇인가요?

- 사역이 자연스럽게 위임되고 확산되기 위해, 우리 공동체는 어떤 문화를 함께 만들어가면 좋을까요?

Sharing Time
RE_VIVE CHURCH

실천챌린지 WEEKLY CHALLENGE

개인 실천 PERSONAL PRACTICE

- 나의 관심사, 은사, 자원이 무엇인지 돌아보며 리스트로 정리해 보세요.

- 내가 주체적으로 혹은 동역자로 섬기고 싶은 선교 사역을 찾아보고, 구체적으로 어떻게 참여할지 함께 나누어 보세요.

공동체 실천 COMMUNITY PRACTICE

- 자신이 속한 공동체에 선교적 문화가 뿌리내리기 위해 필요한 교회의 지원과 각자의 역할을 함께 나누어 봅시다.

- 소그룹 안에서 '내적, 외적 사역'을 균형 있게 실천할 수 있는 구조와 방안을 계획해 보세요.

CHAPTER 09
선교적 문화 형성

결단의 기도 PRAYER OF COMMITMENT

주님, 당신의 교회를 주일의 관객이 아니라,

삶의 현장에서 사명을 실천하는 공동체로 부르셨습니다.

내가 감당할 수 있는 자리를 외면하지 않게 하시고,

교회의 문화를 소비에서 사명으로

전환하는 주체가 되게 하소서.

자발적 헌신이 흘러넘치고, 서로를 신뢰하며

사역이 위임되는 공동체를 이루게 하소서.

우리 공동체 안에 '자발적 사역'과

'세상 속 섬김'이 함께 흐르게 하소서.

예수님의 이름으로 기도합니다. 아멘.

Chapter **10**

선교적 교회의 비밀

RE-VIVE

Q

작은 교회, 평범한 사람에게도
하나님은 큰 일을 맡기신다는 말…
믿어지나요?

Chapter 10

선교적 교회의 비밀

작고 순종하는 교회가 세상을 바꿉니다

지형이 바뀌다

2000년대 초반 필자가 공부했던 풀러신학교는 '이머징 교회'와 '선교적 교회'와 같은 새로운 운동에 대한 논의로 뜨거웠습니다. 매년 열리는 크고 작은 학술 컨퍼런스에는 당시 교회를 선도하는 저술가들과 사역자들이 많이 초청되었는데, 책으로만 보았던 저자들의 신선한 강의를 통해 큰 도전과 배움을 얻을 수 있었습니다.

그중 몇몇은 개인적 관계로까지 이어져 이후 저의 연구와 사역에 큰 도움을 주기도 했습니다. 그 가운데 한 명이 앞서 언급했던 오가닉 처치

Organic Church로 유명한 닐 콜이었습니다. 당시 그는 현장 사역자로 1세기 가정교회 모델을 서구 사회에 재현해 제도화된 교회 공동체에 도전과 충격을 안겨 주었습니다.

물론 초기엔 많은 저항이 있었습니다. 내용이 매우 급진적이었기 때문입니다. 예를 들면 예배당 건물이 아닌 가정에서 주일 모임을 갖는 다거나 소규모 형태의 교회를 끊임없이 재생산해 가는 사역 형태가 매우 낯설었습니다. 믿지 않는 사람들이 거하는 장소에 찾아가 복음을 전하고 제자화한 후 전도된 그들이 다시 전도를 하고 교회를 개척하는 방식은 북미 교회에서 볼 수 없었던 모습이었습니다. 여기에 사역의 주체 또한 안수 받은 목회자가 아닌 일반 평신도라는 점에서 논쟁이 있었습니다. 강연을 할 때마다 많은 이들이 손을 들었고 대부분 질문을 하는 사람들은 안수 받은 목회자들이었습니다.

『리뉴 처치』라는 책을 쓸 당시 닐 콜과 인터뷰를 하게 되었습니다. 짧지 않은 시간 동안 대화를 나누면서 그가 얼마나 복음에 대한 충성과 헌신을 하는 사람인지 알게 되었습니다. 이후 다양한 강연과 세미나에 그를 초대했습니다. 물론 항상 수위를 조절해 달라는 요청을 드리곤 했습니다.

그렇게 십수 년이 흐른 뒤, 몇 해 전 우리는 함께 한국 사역을 하게 되었습니다. 일정을 마친 후 그는 놀란 표정으로 "한국 교회가 달라졌다"

고 말했습니다. 10년 전 처음 한국 교회에 왔을 때 많은 사람이 그의 메시지를 불편해 했습니다. 그러나 동일한 메시지임에도 이제는 새로운 교회에 대한 강한 갈망을 표출하고 있었습니다. 판이 바뀐 것입니다.

물론 이런 변화엔 여러 복합적인 이유가 있습니다. 무엇보다 기존 교회의 한계가 드러났음에도 불구하고 변하지 않으려는 모습에 사람들은 실망합니다. 교회가 마치 박물관처럼 변해가는데도 여전히 과거를 답습하는 교회가 많습니다. 물론 새로운 시도가 없는 것은 아닙니다. 그러나 그마저도 고정된 틀 안에서 발생하는 현상입니다. 한국 교회는 무엇을 조금 고치고 수정해서 회복될 상황이 아닙니다. 대변혁이 필요합니다.

닐 콜의 메시지는 대전환을 전제로 합니다. 그러나 이것은 인위적인 전환이 아닙니다. 성경 말씀으로 돌아가 예수의 복음을 살아내는 성도를 만드는 것이 시작점입니다. 건물과 프로그램, 시스템으로 돌아가는 교회가 아니라 예수를 주로 고백하는 성도들이 모여 교회를 형성하고, 그들이 다시 하나님 나라 복음을 전하기 위해 세상으로 나아가 믿지 않는 사람들과 관계를 맺고 복음을 전해 제자를 삼으며, 그 제자가 또 다른 제자를 만드는 역학이 발생합니다.

더군다나 이 사역은 목회자의 성역이 아닙니다. 예수를 따르는 모든 제자에게 주어진 공동의 영역입니다. 목회자의 사명은 선교적 성도와 문화를 형성하는 데 있으며, 건물은 훈련과 예배를 효과적으로 감당하기 위해 필요합니다. 기존 교회를 거부하는 것이 아니라 교회의 목적과 우선순위를 새롭게 정립하는 것이 핵심입니다.

저에게 영향을 주었던 또 한 명의 인물은 북미 선교적 교회 운동의 최고 전략가로 평가되는 앨런 허쉬 입니다. 그가 쓴 『The Shaping of things to come 새로운 교회가 온다』는 기존 사고를 뒤흔들며 새로운 교회를 향한 연구의 기폭제가 되었습니다. 닐 콜이 초대교회 사역 원리를 서구 사회에 적용해 소그룹 중심의 재생산 운동을 불러일으켰다면, 앨런 허쉬는 21세기 현대 사회를 파고드는 모험적이고 상황화된 다양한 사역 모델과 원리를 제시했습니다. 교회의 선교적 본성에 대한 확신과 시대에 맞는 혁신적인 사역은 문화에 대한 깊은 이해와 선교적 상상력 없이는 불가능합니다. 다시 말해 교회가 선교적 안목을 통해 시대와 문화를 바라볼 수 있을 때, 창의적 사역이 열리게 됩니다.

변혁적 패러다임, Metanoia

앨런 허쉬는 현대 교회의 근본적 문제를 교회 본체에 내재되어 있는 DNA의 상실로 봅니다. 모든 성도는 본질상 선교적 존재이기에 모든 그리스도인은 선교사로서 자신의 역할을 감당해야 합니다. 그것이 원래 교회와 성도의 모습이었고 마지막 순간까지 간직해야 할 사명입니다. 그러나 많은 교회가 이토록 본질적인 선교적 열정과 정신을 잃어버렸습니다. 소비주의적 신앙, 내부 지향적 사역, 목회자와 전문가에 의존하는 신앙 형태는 선교적 DNA가 작동하지 않는 교회의 특징입니다.

코로나 팬데믹 이후 개인적으로 그의 책을 오랫동안 기다렸습니다. 팬데믹 기간 동안 침몰한 교회들과 여전히 가쁜 호흡을 가다듬으며 생존하기 위해 몸부림치는 공동체들을 위한 처방이 필요했습니다. 개인적으로는 이 기간에 세 권의 책을 쓰며 고심했던 제 생각과 방향을 점검해 볼 필요가 있었습니다.

드디어 기다리던 책이 나왔습니다. 최고의 전략가가 제시하는 팬데믹 이후의 교회가 가야할 길은 무엇이었을까요? 사실, 제목은 다소 의외였습니다. 『메타노이아Metanoia』, 곧 헬라어 '메타노이아μετάνοια'에서 온 '회개'라는 뜻입니다. 팬데믹 이후 교회가 본질로 돌아가야 한다는 사실은 충분히 설득력이 있지만, 전략적 측면에서 볼 때 너무 원론적인 주제가 아닌가 하는 생각도 들었습니다. 그러나 책을 읽으면서 저자가 의도하는 의도를 발견할 수 있었습니다.

'메타노이아Metanoia'는 '메타meta뜻: beyond, above, overarching'와 '노이아noia뜻: a way of thinking'의 합성어입니다. 문자 그대로 해석하면 '기존 생

각의 방식을 넘어서는 새로운 패러다임'을 뜻합니다.

진정한 회개는 감정적 후회나 죄를 뉘우치는 차원을 넘어 실제 죄와 우상으로부터 돌아서는Turning from sin&idols 결단을 의미합니다. 그리고 동시에 하나님께로 돌아가는Turning toward God 적극적이고 구체적인 행위가 반드시 동반되어야 합니다.

교회의 회개는 목적과 사명을 다시 정립하는 것에서부터 시작됩니다. 그리스도께서 의도하셨던 사명을 위해 존재하는지를 물으며 사역의 방향과 내용에 대한 근본적 재고가 필요합니다.

익숙한 습관과 전통을 위해 존재하는 교회가 아니라 사명을 이루기 위해 유연하고 협력적인 사역 구조를 가진 교회가 되어야 합니다.

비밀이 열리다

'교회를 어떻게 변화시킬 것인가?' 이 문제는 '교회가 어떻게 과거의 영광을 회복할 것인가? 혹은 '어떻게 다시 성장할 것인가?'와는 전혀 다른 질문입
니다. 현대 사회는 성과 중심, 결과 중심 사회입니다. 치열한 경쟁을 통해 다른 조직보다 우위를 점해야 하고, 때로는 수단과 방법을 가리지 않고 목표한 결과를 달성해야 능력을 인정받는 시대이기도 합니다. 만약 교회 역시 결과 중심의 문화를 가지고 있다면 한국 교회의 90%는 실패자의 부류가 될 것입니다.

그런 관점에서 본다면, 예수님 또한 예외는 아닙니다. 오히려 예수님은 실패자의 원형처럼 보입니다. 일평생 소수에 집중하고 가난하고 연약한 자로 살다 세상을 떠나는 인생을 동경할 사람은 없습니다. 그러나 그 누가 예수의 삶을 경제적인 눈으로 평가할 수 있을까요? 그 누가 예수의 삶을 실패자로 단언할 수 있습니까? 세상적 관점으로 크고 화려하고 웅장한 기념비를 세우지 않았어도 예수의 삶은 그 무엇과도 비교할 수 없는 유산을 만들어 냈습니다. 무엇이 그것을 가능케 했습니까?

여기에 비밀이 있습니다. 저는 이것이 바로 선교적 교회의 원리이고 비밀이라고 생각합니다. 그 비밀은 무엇입니까? 바로 하나님 나라의 원리입니다. 선교적 교회는 선교적 제자가 세워질 때 가능합니다. 소비주의적 성도들이 가득 찬 교회가 아니라, 하나님 나라를 위해 헌신하는 성도들이 모인 공동체, 그것이 선교적 교회의 출발점입니다. 오늘날 교회들이 선교적 교회로 나가는데 어려움을 겪는 이유는 출발선과 방향이 잘못된 지점에서 시작하고 있기 때문입니다.

여기서 우리는 교회가 집중해야 할 가장 중요하고 기초적인 사역을 발견합니다. 그것이 무엇일까요? 우리는 어떻게 선교적 삶을 살아가는 성도를 세울 수 있을까요? 무엇을 통해 교회가 선교적 사명과 목적을 향해 나아갈 수 있을까요? 그것을 알기 위해 우리는 예수님께서 가장 많은 시간과 열정을 통해 집중하셨던 사역을 확인해 볼 필요가 있습니다. 예수님께서는 '회개하라 하나님의 나라가 가까이 왔다'는 말씀을 선포하시면서 그의 공생애를 시작하셨습니다. 사역의 초점이 하나님 나라를 선포하고 회복시키는 데 있음을 공표하신 것입니다. 본격적인 하나님 나라 회복 사역 프로젝트가 본격적으로 가동되었습니다. 뭔가 웅장하고 거대한 캠페인이 가동되어야 할 것 같지 않습니까?

새로운 역사는 사람을 부르는 일로 시작되었습니다. 그런데 이 선택에 의문점이 듭니다. 제자들의 상태와 면모를 보십시오. 바닷가에서 고기를 잡고 있거나 그물을 손질하던 어부, 나무 밑에 있던 사람, 세관에 앉아 있던 세리, 사회적 불만을 품고 힘으로 사회를 전복시키고자 했던 열심당원, 그리고 직업이 불분명했던 사람들이 전부입니다. 누구 하나 이 일에 적합해 보이질 않습니다. 그런데 여기에 바로 하나님의 깊은 뜻이 있습니다. 탐 사인Tom Sine은 이것을 하나님 나라의 모략이라고 표현했습니다.

고린도전서 1장 26절에서 29절의 말씀을 봅니다.

"형제들아 너희를 부르심을 보라 육체를 따라 지혜로운 자가 많지 아니하며 능한 자가 많지 아니하며 문벌 좋은 자가 많지 아니하도다 그러나 하나님께서 세상의 미련한 것들을 택하사 지혜 있는 자들을 부끄럽게 하려 하시고 세상의 약한 것들을 택하사 강한 것들을 부끄럽게 하려 하시며 하나님께서 세상의 천한 것들과 멸시 받는 것들과 없는 것들을 택하사 있는 것들을 폐하려 하시나니 이는 아무 육체도 하나님 앞에서 자랑하지 못하게 하려 하심이라"_고린도전서 1:26-29

세상의 눈으로 볼 때 변변치 않은 사람을 선택하신 것은 의도적이었습니다. 그분은 전략적으로 미련하고 약하고 천하고 멸시 받고 없는 자들을 택하셨습니다. 하나님께서 세워 가실 그분의 나라는 인간의 능력과 지혜, 힘으로 이루어지는 것이 아님을 드러내기 위함이었습니다. 세상적으로 무능한 자들을 통해 존귀한 하나님의 나라를 세워 가는 그분의 전략과 의도가 그 선택에 담겨 있었습니다.

이러한 의도는 예수께서 비유로 말씀하신 하나님 나라에서도 잘 나타납니다. 마태복음 13장 말씀을 봅니다.

"또 비유를 들어 이르시되 천국은 마치 사람이 자기 밭에 갖다 심은 겨자씨 한 알 같으니 이는 모든 씨보다 작은 것이로되 자란 후에는 풀보다 커서 나무가 되매 공중의 새들이 와서 그 가지에 깃들이느니라"

_마태복음 13:31-32

"또 비유로 말씀하시되 천국은 마치 여자가 가루 서 말 속에 갖다 넣어 전부 부풀게 한 누룩과 같으니라" _마태복음 13:33

겨자씨와 누룩

예수께서는 하나님 나라를 겨자씨와 누룩으로 묘사하셨습니다. 이 비유는 우리가 기대하던 천국과는 다릅니다. 사람들은 비교할 수 없는 영광과 기쁨, 화려함이 충만한 왕국을 먼저 떠올립니다. 반면에 예수님은 작고 보잘것없는 겨자씨와 누룩으로 하나님의 나라를 설명하셨습니다. 물론 여기에는 예수님의 의도가 있습니다. 그것은 하나님 나라의 성격과 연결됩니다. 주님께서 말씀하신 하나님 나라는 모두 현재형입니다. 겨자씨 한 알 같고 가루 서 말 속을 전부 부풀게 한 누룩과 같은 하나님 나라는 이 땅에서 누리고 경험되어야 합니다.

동시에 겨자씨와 누룩은 운동성을 가집니다. 처음에는 작고 연약해 보이는 씨앗이 심겨져 나무가 되고 가루 서 말 속에 섞인 누룩이 반죽을 발효시켜 부풀어 오르는 빵이 됩니다. 이처럼 하나님 나라는 성장하고 확장되는 특성을 지닙니다.

　예수께서는 '하나님 나라가 가까이 왔다'막 1:15는 선포와 함께 공적 사역을 시작하셨습니다. 사역 중 그는 '하나님의 나라가 너희에게 임했다'눅 11:20라고 말씀 하셨습니다. 그리고 결국 '하나님의 나라가 너희 안에 있다'눅 17:21는 사실을 가르쳐 주셨습니다. 이 흐름 속에서 하나님 나라의 점진성을 엿볼 수 있습니다. 제자들의 입장에서도 마찬가지입니다. 그들은 예수님을 통해 하나님 나라에 대한 소식을 들었고, 이후 그와 함께하면서 하나님 나라의 임재와 통치를 경험했습니다. 나아가 그들 자신 안에 또 그들의 관계 안에 임하신 하나님의 나라를 누릴 수 있게 되었습니다.

　하나님의 나라는 겨자씨만큼 작고 누룩처럼 초라한 것에서 시작됩니다. 그러나 그 나라는 멈춰 있지 않고 끊임없이 성장하고 확장됩니다. 예수께서 부족해 보이는 자들을 택하신 이유가 분명해집니다. 성령이 임하면 하나님에 대한 믿음이 생깁니다. 그 속에서 하나님의 사람들은 사명을 발견하고 사역에 헌신합니다. 물론 그들은 겨자씨 같고 누룩 같은 존재일 수 있습니다. 그러나 그 안에 생명이 있습니다. 운동력이 발생합니다.

작지만 강한 하나님 나라

선교적 교회를 이뤄 가는 비밀이 여기에 있습니다. 그것은 우리가 예수의 제자가 될 때입니다. 참된 제자는 스승의 모습을 닮으며 그분의 길을 따릅니다. 처음에는 한 없이 연약한 자라 할지라도 주 안에 거하면 그들이 자라서 나무가 되고, 하나님 나라를 풍성케 할 미래의 재목이 됩니다.

우리의 사역은 어디를 향해 있습니까?
선교적 교회를 꿈꾸면서 그분의 제자를 만드는 일에 집중하고 있습니까?
대중이 아닌 참된 제자를 만드는 일에 목숨을 걸고 있습니까?

예수님은 바로 그 일을 위해 소수에 집중하셨습니다. 하나님 나라의 DNA를 가진 제자를 만들기 위해 전 생애를 바치셨습니다. 그런 제자들이 모일 때 교회는 사명에 집중하는 선교적 교회가 됩니다.
여전히 선교적 교회가 되는 프로그램과 테크닉을 찾고 있었습니까? 그렇다면 다시 원점으로 돌아가야 합니다. 하나님 나라를 품은 예수의 제자를 만드는 사역, 소수에 집중하는 사역, 하나님 나라의 비밀을 풀어내는 사역이 되어야 합니다.

이제, 이 위대한 사역에 여러분을 초청합니다.

작고 순종하는 교회가 세상을 바꿉니다.

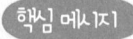 **KEY MESSAGE**

선교적 교회는 근본적인 방향 전환을 위한 '사고의 전환메타노이아'을 필요로 합니다. 하나님의 나라는 겨자씨와 누룩처럼 작고 보잘것없어 보이지만, 지속적인 운동성과 확장성을 갖습니다. 복음을 전하는 주체는 특별한 사역자가 아니라, 일상 속에서 복음을 살아내는 평범한 성도들입니다.

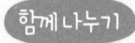 **SHARING TOGETHER**

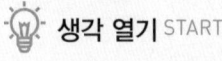 START THINKING

- 하나님 나라를 '겨자씨'나 '누룩'에 비유하신 이유는 무엇이라고 생각하나요?

- 나의 신앙에서 작지만 꾸준히 변화해 온 부분이 있다면 무엇이 있나요?

CHAPTER 10
선교적 교회의 비밀

🎯 삶과 연결 RELATE TO LIFE

- 내가 복음을 살아냈다고 느낀 경험은 어떤 순간이었나요?

- 누군가의 삶을 통해 하나님을 경험한 적이 있다면 나눠 주세요.

🔍 함께 고민하기 GO DEEPER

- '모든 성도는 선교사다'라는 말에 대해 어떻게 느끼시나요?

- 교회가 '크고 화려한 전략'이 아닌 삶을 통한 복음에 집중할 때, 어떤 변화가 있을까요?

- 세상을 섬기고 변화시키기 위한 결단의 첫걸음으로 우리는 무엇을 함께 시작해야 할까요?

Sharing Time
RE_VIVE CHURCH

 WEEKLY CHALLENGE

개인 실천 PERSONAL PRACTICE

- 내 삶의 자리직장, 가정, 동네 등에서 겨자씨처럼 작지만 꾸준히 감당할 선교적 실천 목록을 정해 봅니다.

- "하나님 나라의 비밀은 작고 충실한 삶에 있다"는 고백을 되새기며 실천해 보세요.

공동체 실천 COMMUNITY PRACTICE

- 우리가 심은 작은 씨앗이 열매 맺을 미래를 상상하고, 공동체의 비전으로 함께 나누어 봅시다.

- 마지막으로, 에필로그에 제시된 실천 사항들을 우리 교회에 맞게 적용할 방안을 정리한 후 다른 소그룹들과 나누어 봅시다.

CHAPTER 10
선교적 교회의 비밀

결단의 기도 PRAYER OF COMMITMENT

하나님, 우리는 작고 연약하지만,

당신의 나라를 살아내는 선교적 존재로 부름 받았습니다.

오늘 하루의 작은 순종이

누군가에게 복음의 향기가 되게 하소서.

우리 공동체가 삶의 현장에서

복음의 씨앗을 심고,

하나님 나라의 운동에 함께 참여하는

겨자씨 공동체가 되게 하소서.

예수님의 이름으로 기도합니다. 아멘.

다시
세상 속으로

EPILOGUE
에필로그

선교적 교회 사역을 감당하면서 저는 참 많은 격려와 은혜를 받았습니다. 선교적 사명을 삶으로 살아내는 이들은 생각보다 가까운 곳에 있었고, 복음을 위해 헌신하는 기쁨을 가진 성도들을 만나는 자리는 늘 가슴 벅찬 순간이었습니다.

그런 만남 속에서 저는 확신하게 되었습니다. 하나님의 선교에 참여하는 교회는 오늘도 살아 있고, 성도들의 영혼은 더욱 깊어지고, 삶은 더욱 풍성해진다는 사실을 말입니다.

무엇보다 본서를 준비하며 제 자신이 먼저 도전을 받고, 많은 것을 배우게 되었습니다. 선교를 공부하고, 교회의 본질을 묵상하면서 더 분명하게 알게 된 것이 있습니다. 그것은 선교는 우리 모두의 사명이라는 것, 그리고 그 사명은 내가 살아가는 삶의 자리에서 시작된다는 점입니다.

또한, 그런 선교적 정체성을 가진 사람들이 함께 모여 형성되는 공동체야말로 교회를 교회답게 세우고, 그 사역을 창의적이고 살아 있게 만든다는 것을 보게 되었습니다.

그래서 저는 선교적 교회를 꿈꾸는 여러분과 함께 지금, 여기서부터 실천할 수 있는 네 가지 작은 걸음을 나누고 싶습니다. 작지만 분명한 첫걸음이, 선교적 교회의 여정을 시작하게 할 것입니다.

일상 선교사 파송하기

성도들 중 자발적인 이들을 선별하여 일상 선교사로 세우고 축복하며 파송해 보십시오. 그들이 있는 곳 — 직장, 학교, 가게, 병원—그 모든 자리를 선교지로 선언해 주십시오. 그리고 그 선교지를 위한 기도와 중보로 공동체가 함께해 주십시오. 선교는 멀리 있는 것이 아니라, 지금 우리가 선 그 자리에서 시작됩니다.

소그룹 별 작은 실천 정하기

각 소그룹 별로 작은 실천을 정하고 실행해 보십시오. 교회 내 봉사는 물론, 지역 청소, 반찬 나눔, 이웃 돌봄, 기관 후원 등 그룹별로 할 수 있는 작은 사역을 찾아 수행해 봅니다. 함께 실천하고 나누는 여정 속에서 소그룹은 점점 더 선교하는 공동체로 자라게 될 것입니다.

선교적 삶 나누기

주보, 단톡방, 교회 SNS 등을 통해 매주 하나의 복음적 실천 과제를 공유해 보십시오.

- 이번 주, 감사 편지 한 통 써보기
- 직장 동료를 위해 하루 1분 기도하기
- 낯선 이에게 미소로 인사하기

이처럼 일상의 행동 한 가지가 선교의 시작점이 될 수 있습니다.

작은 선교적 영웅 만들기

선교적 삶을 살아가는 성도들의 이야기를 예배 시간에 함께 나누어 보십시오. 짧은 간증이나 인터뷰, 혹은 짧은 영상을 통해 그들의 평범한 일상이 어떻게 하나님의 선교에 참여하고 있는지를 들려주는 것입니다.

이러한 나눔은 성도들에게 용기를 주고, 교회 안에 '일상의 선교적 영웅'을 세우는 귀한 기회가 됩니다. 선교는 특별한 사람들의 일이 아니라, 복음을 붙들고 오늘을 살아가는 우리 모두의 이야기임을 보여 주는 일이기도 합니다.

이러한 작은 실천들이 모이면, 교회는 자연스럽게 보냄 받은 공동체가 됩니다. 성도들은 자신이 복음을 전하는 사람이라는 정체성을 회복하게 되고, 어느 순간 교회는 다시 숨 쉬고 살아 움직이는 공동체로 회복될 것입니다.

이 책이 그런 여정을 시작하는 교회들에게 배우고, 토론하고, 실천하는 선교적 교회의 길잡이가 되기를 소망합니다.

지금, 여기서부터 선교적 교회는 시작될 수 있습니다. 그 여정에 뛰어든 여러분 모두에게 박수와 응원을 보냅니다.

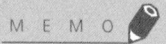

RE_VIVE CHURCH

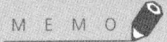

RE_VIVE CHURCH 리바이브 처치
살아 움직이는 교회

초판 1쇄 발행 | 2025년 7월 15일

지 은 이 | 이상훈

발 행 인 | 이영훈
편 집 인 | 김영석
펴 낸 곳 | 교회성장연구소

등록번호 | 제12-177호
주   소 | 서울시 영등포구 은행로 59, 4층
전   화 | 02-2036-7936
팩   스 | 02-2036-7910
홈페이지 | www.pastor21.net

- 책 값은 뒤표지에 있습니다.
- 잘못된 책은 구입하신 곳에서 교환해 드립니다.
- 교회성장연구소는 세계교회성장연구원의 임프린트입니다.
- 이 책은 저작권법에 의해 보호를 받는 저작물이므로 무단 전재 및 무단 복제를 금합니다.

I S B N | 978-89-8304-371-9 03230

"무슨 일을 하든지 마음을 다하여 주께 하듯 하라." _골로새서 3:23

교회성장연구소는 한국과 세계의 모든 교회가 건강하게 부흥하고 성장하여 하나님께 영광을 돌리는 것을 목표로 목회자들의 영성과 리더십 개발과 평신도들의 영적 성숙을 위한 필독서를 출간한다. 모든 사역의 시작과 끝을 기도로 임하며 하나님 중심의 경영이 되게 한다. "무슨 일을 하든지 마음을 다하여 주께 하듯 하라"는 말씀을 마음에 새겨 하나님이 주신 출판의 사명을 기쁨으로 감당하고 있다.